頭がいい人の時間の使い方

Gakken

CONTENTS

仕事の教科書 mini

頭がいい人の時間の使い方

時間のムダをゼロにする！ 正しい時間の使い方 8

Part 1 時間不足を招く4つの悪いクセを回避する 10

Part 2 7つの鉄則を守って集中力をコントロールする 18

残業ゼロでも必ず結果を出す！ 時短・スピード仕事術 25

【段取りを変える】

1 先読み 石原英貴 アウトプットを先読みすればムダな手間と時間を省ける 28

2 ロケットスタート時間術 中島 聡 ロケットスタート時間術で締め切りを守れる人になる 34

3 問題解決 大嶋祥誉 マッキンゼー流の問題解決で生産性の高い仕事をする 40

4 仕事量の配分 織山和久 46
最適な仕事量の配分で予想外のトラブルに備える

5 仮説思考 高橋政史 50
一流コンサルの仮説思考で仕事をスピードアップ

6 情報収集 濱田 隆 54
プロジェクトの目的を意識して効率よく情報収集するコツ

【伝達力を磨く】

1 箇条書き 杉野幹人 58
箇条書きのメッセージでアクションを起こさせる技術

2 心をつかむプレゼン 藤川琢哉 64
コミュニケーションで下地を作れば心をつかむプレゼンになる

3 論理的思考 横田伊佐男 70
空・雨・傘の論理的思考で伝える力をスキルアップ

4 チームワーク 中澤優子 76
メンバーの気持ちを考慮してチームワークを維持する極意

【マインドを改革】

1 決断力と行動力 藤由達藏 82
決断力と行動力を身につけてビッグチャンスをモノにする

2 オーナーシップ 河野英太郎 88
現代社会を生き抜くためにオーナーシップを考え直す

3 対人関係 水島広子 94
攻撃してくる人をかわして職場の対人関係をよくする

手帳・ノートを使った
スケジュール&タスク管理のコツ 99

スケジュール管理のコツ 101

タスク管理のコツ 109

本当に使える パソコン整理術 117

Part 1 パソコンの作業環境を整えて効率化する 118

Part 2 ファイル・フォルダーの管理 124

Part 3 ウェブブラウザを快適に使いこなす 128

本書は、2017年4月刊行『頭がいい人の時間の使い方』(Gakken)の新装版です。
登場する人物の肩書きや所属、掲載内容は取材当時のものです。

の使い方

時間の使い方がうまい人と、ヘタな人の違いとは何だろうか。
仕事が予定通りに終わらない理由はどこにあるのか。
今回は、時間の使い方が下手な人が陥りがちな悪いクセの問題点と、
それを解決するための具体的な対処法について、
時間術の専門家である佐々木正悟さんに教えてもらった。
集中力をコントロールして効率を上げる方法も併せて紹介。
悪いクセを一掃し、集中力を自分で管理できるようになれば、
「仕事時間」を正しく予測できるようになる!

教えてくれた人

佐々木正悟さん

Shogo Sasaki

短時間で
「完全集中」するメソッド
（大和書房）

目の前のことに没頭できれば、面倒なことをいっきにかたづけられる。心理的な側面からの解説を加えながら、集中するためには何をすればいいかを解説する本。

PROFILE

心理学ジャーナリスト。獨協大学卒業後、ドコモサービスに入社。2001年に渡米し、アヴィラ大学心理学科に留学。卒業後、ネバダ州立大学リノ校・実験心理学科博士課程にて実験心理学を学ぶ。帰国後はライフハック心理学を探求し、執筆や講演を行う。著書も多数。ブログ「シゴタノ！」に記事を連載中。
http://cyblog.jp/modules/weblogs/

時間のムダをゼロにする!

正しい時間

時間を正しく管理できる人になろう！

P.10

Part 1

時間不足を招く 4つの悪いクセを回避する

悪いクセ 1 気づかない
悪いクセ 2 割り込み
悪いクセ 3 先送り
悪いクセ 4 完璧主義

P.18

Part 2

7つの鉄則を守って 集中力をコントロールする

1 思い込みを捨てる
2 「心の声」を消す
3 使い道を制限する
4 同じ条件で行う
5 「決定済み」にする
6 締め切りを決める
7 メモを貼る

＋集中力アップに役立つ「しない」の法則

Part 1

時間不足を招く4つの悪いクセを回避する

時間をムダに消費する原因となる「4つの悪いクセ」について理解しよう。正しく対処すれば、業務終了の時間を先読みできるようになる。

悪いクセ 1

【気づかない】

「ムダにできる時間」がないことに気づかない

時間が足りない状態に陥るのは、「締め切りに対して無頓着になるから」と佐々木さん。

「締め切りをピンポイントの『予定』として捉えがちですが、実際には、そこに至るまでの連続する行動で成り立っています」

多くの人は、締め切りまでの一連の行動にかかる時間を予定に組み込まないため、時間が不足してしまうのだという。

一方で佐々木さんは「生活に必要な時間を見積らないこと」も時間不足の原因になると指摘する。

「私たちは普段、生活を維持するために必要な時間を意識しません。この時間は、睡眠時間も含め、1日に14時間以上必要です。どんなに忙しくても、24時間をフルに使える日はないことを認めることから始めてみましょう」

生活に必要な行動を見積っていない

生活を維持するために消費する時間は意外に多い。冷静に合算すると、14時間以上になることも。仕事に使える時間は思ったよりもずっと少ない。

生活のために必要な時間

14時間以上

- □ 睡眠
- □ 食事
- □ トイレ
- □ 移動
- □ 着替える
- □ 休憩する
- □ 入浴

連続する行動を無視して予定を立てる

「締め切り＝フライトの時刻」と考えよう。飛行機に乗るためには、荷づくりから始まる一連の行動が不可欠。これを意識しないため、時間が不足する。

荷づくり
▼
朝食
▼
移動
▼
搭乗手続き ▶ フライトの時刻（締め切り）

対策 1日を9つのセクションに分けて「できること」を見極める

1日24時間でこなせるタスクは思っているよりもずっと少ない

時間不足の状態から抜け出すためには、使える時間を正確に見積ることが大切。まず、1日を9つのセクションに分けて考えよう。次に、各セクションで実行したいタスクを紙に書き出してみよう。その通りに実行してみると、1日にできることは思ったよりも少なく、締め切りまであまり時間がないことに気づける。

POINT

- □ 1つのセクションは60～180分
- □ セクションごとにタスクをすべて書き出す

1日を9つのセクションに区切る

1. 早朝
2. 出勤
3. 午前ワーク
4. 昼食
5. 午後ワーク
6. 夕方ワーク
7. 帰宅
8. 夕食
9. 夜

対策 「見積り→実測」のタスクリストでムダな時間がないことに気づく

すべてを記録すれば余裕がないことがわかる

さらに正確に見積れるようになるため、生活に必要な時間も含め、1分以上かかる行動をすべて書き出そう。その横に「見積り（予測される開始時間）」と「実測（実際に開始した時間）」を記入。この2つを比較することで、仕事にかけられる時間を正しく把握できるようになる。時間に余裕がないことがわかれば、締め切りに対する見積りも正確になる。

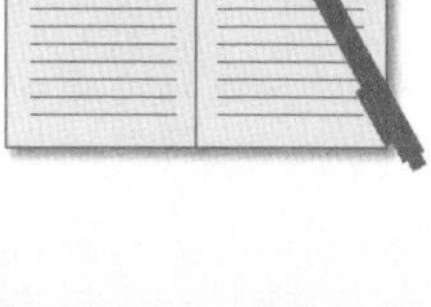

例 夕食のセクション

	見積り		実測
子どもを風呂に入れる	19:00	……	19:00
夕食の準備を手伝う	19:40	……	19:45
夕食を食べる	19:50	……	20:00
夕食後に子どもと遊ぶ	20:20	……	20:25
家計簿をつける	20:45	……	20:55
メールに返事を出す	20:55	……	21:05

POINT

- □「行動」にかかる時間をすべて見積る
- □ 実際にかかった時間を記録して比較する

悪いクセ 2【割り込み】

割り込みの仕事や頼まれごとを優先してしまう

仕事を滞らせ、大きな時間のロスを招くのが「割り込み」。組織のなかで働くかぎり、上司や先輩からの「割り込み」を完全に回避することは不可能だ。

「割り込みをゼロにすることはできませんが、割り込みをタスクとして捉え、あらかじめ予定として組み込んでロスを軽減することはできます」と佐々木さん。

予測した「割り込み」がなかった場合は、前倒しでタスクをこなせばよいという。

一方、作業中にほかのことに注意を奪われる脱線（自分への割り込み）も、時間管理の大きな障害になる。とくに意識せずに脱線してしまう人は要注意。時短を目指すなら、集中力をコントロールする方法（P.18〜）を身につけ、対処できるようになろう。

「割り込み」は前後の時間も奪い去る

タスクに集中するためには、集中のための助走が必要。第三者に割り込まれると、はじめの集中するための時間と、再び集中するための時間を二重に奪われてしまい、大きな時間のロスを招く。

集中するための時間
▼
タスク（作業中）
▼
割り込みのタスク
▼
再び集中するための時間
▼
タスク（再開）

（集中するための時間〜再び集中するための時間）この時間がムダになる

「自分への割り込み＝脱線」もロスの原因になる

仕事中に脱線してしまうことは多々ある。今やる必要のないことに熱中してしまうこの行動は「自分に対する割り込み」のようなもの。時間管理の視点で考えると、こちらも大きな時間のロスにつながる。

企画書の資料をネットで収集
脱線 ▼
関係のないページを閲覧 …… 自分への割り込み
戻る ▼
企画書の資料をネットで収集

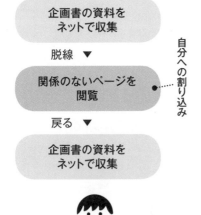

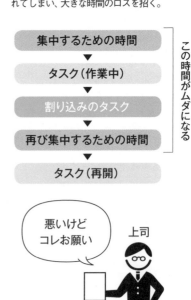

対策 割り込み仕事をリスト化する

「割り込み」を記録しておけば予測できるようになる

行動を記録するタスクリスト（P.11）に、「割り込みのタスク」も記入しよう。割り込まれた時間と終了した時間を記入する習慣が身につけば、割り込み作業の傾向が見えてくるはずだ。まずは、割り込み仕事の時間帯、分量を把握しよう。

タスクリストに割り込みの仕事を記録する

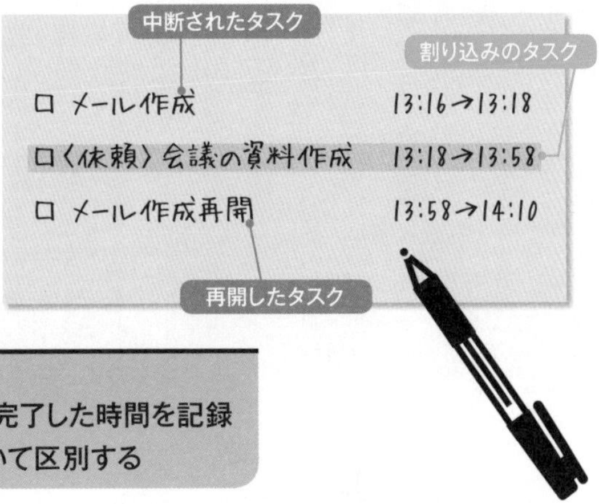

POINT

- □ 割り込みの仕事が入った時間と完了した時間を記録
- □ 割り込みの仕事は「依頼」と書いて区別する

対策 割り込み用の時間をタスクとして追加

割り込みをタスクリストに記入

割り込みの傾向がわかれば「依頼（割り込み作業）」をタスクリストに組み入れることができる。下の例では、「12：00」が「依頼」のスタート時間。依頼があれば、「12：30」に昼食へ。依頼がなければ、前倒しして「12：00」から昼食をとればよい。

POINT

- □ 割り込みが入る時間を予測する
- □ 割り込みが入らなければ前倒しに

例 タスクリストに割り込みの仕事を予測して記入する

チェック	仕事	見積り（分）	開始	終了	実測（分）	終了予定
□	取引先に電話	10	11:25	11:35	10	
□	休憩	10	11:35	11:45	10	
□	メール送付	20	11:45	12:00	15	
□	【依頼】	30				12:30
□	昼食	60				

割り込みがある場合はこの時間に昼食

割り込みがなければ昼食へ

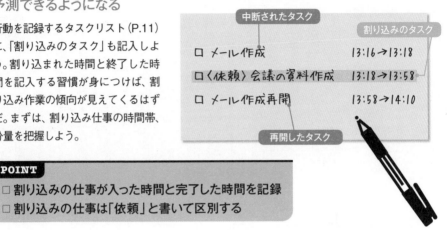

悪いクセ 3

【先送り】

面倒な仕事なので、つい先送りしてしまう

小学校時代、夏休みの宿題を放置していた経験はないだろうか。時間がなくなるにつれ、不安な気持ちは比例して増大していく。「ビジネスパーソンが仕事を先送りにする心理も同じようなもの」と佐々木さんは言う。

「不安な仕事や難しい仕事を先送りにする心理が働くのは事実ですが、先送りを繰り返せば、その結果が自分に跳ね返ってきます」

着手しないことで仕事への不安は高まる。その不安を解消する唯一の方法は仕事をかたづけること。ほかに解決の方法はない。

「朝はもっとも合理的に頭が働く時間帯。認知リソース（情報を処理するための活力）がたっぷりある起床後の時間帯に、不安な仕事や難しい仕事をこなす習慣をつけましょう」

未来の自分に過度に期待してしまう

仕事を先送りにするときは「今日は無理だけれど、明日はやれそうな気がする」という身勝手な心理が作用している。冷静に考えれば、今日も明日も条件は変わらないはずだが、「明日ならできる」と錯覚するため、つい先送りにしてしまうのだ。

未来の自分
・やる気 100%
・気分は上々
・バリバリ仕事ができる
・時間もたっぷりある
現在の自分
・気分が乗らない
・体調がよくない
・準備が整っていない
・ほかの仕事で忙しい

人は緊張するとタスクに着手できなくなる

不安や緊張が高まると、人は行動を起こしにくくなる。ゴルフをプレイする人が緊張のあまり簡単なパットをはずすのも同様の原理。不安を感じる仕事に対しては、考えただけでも気持ちが萎えてしまうため、「先送り」という結果を招いてしまう。

仕事が手に
つかない…

対策 「認知リソース」の減りを意識する

頭を使うために必要な活力は時間がたつほど減少していく

「認知リソース」とは、情報を処理するための活力のこと。このリソースを回復させる方法は「睡眠」しかない。そのため、起床後がもっとも頭が回転しやすく、活力がある時間帯となる。このリソースは時間の経過とともに減少することを意識しよう。

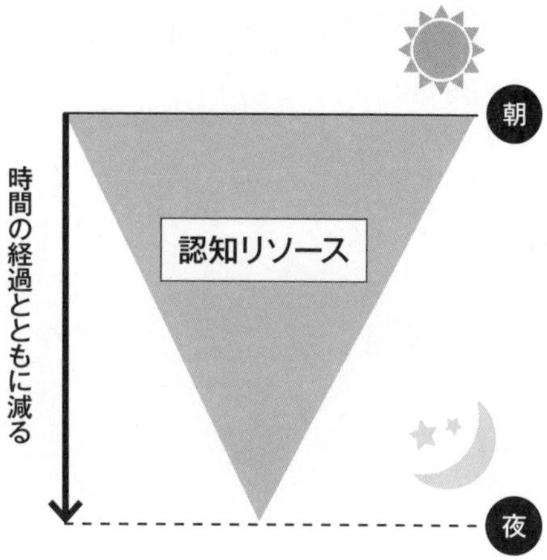

POINT

- □ 認知リソースは睡眠によって回復
- □ もっとも活力があるのは午前中

対策 難しい仕事は午前中にかたづける

正しくタスクを振り分ければ仕事の効率がアップする

認知リソースがたくさんあれば、難しい仕事も比較的短時間でこなせる。そこで、難しい仕事は午前中に、簡単な仕事は午後に振り分けるようにしよう。難しい仕事を午後に回すと、認知リソースが不足した状態で行うため、時間がかかり、残業が増える。

POINT

- □ 難易度の高いタスクを朝にこなす
- □ 細かく簡単な仕事を午後に回す

1日のタスク 振り分ける

午前

認知リソースを使う難しい仕事

- ・企画書の作成
- ・提案書の作成
- ・プレゼン資料の作成
- ・アイデア出し

午後

認知リソースを使わない簡単な仕事

- ・メールチェック
- ・机周りの整理
- ・経費の精算
- ・電話で確認＆相談

悪いクセ4 【完璧主義】

完璧な成果を求めるので、時間を浪費する

何でも完璧にこなそうとする人は、常に時間不足に悩まされている。

「完璧主義者は心に根深い不安を抱えています。仕事を完璧にこなさなければ、信頼を失うと考えているからです」と佐々木さん。

また、完璧主義者はすべてを完璧にやろうとするため、締め切りに間に合わないことも多いという。

「締め切りを守ることも『完璧』の条件ですが、完璧主義者は心のどこかで『質を高めるためなら、締め切りは守らなくてもよい』と考えているようです」

ときには「完璧」を言い訳にしてしまう人もいるのだという。

「性格は変えられません。しかし、『使える時間』を正確に見積れるようになれば、できないことに着手することは回避できます」

「完璧主義」を言い訳にしてしまう

必要以上の完璧さを求める理由として、セルフ・ハンディキャッピングが当てはまるケースもある。締め切りに間に合わなくても、「自分は完璧にこなそうと努力した」と自分に対して言い訳ができる。この考え方なら、評価が下がっても、自分を守れる。

上司に仕事を頼まれる

頼まれた仕事以外も完璧にこなそうとする
▼
結果的に間に合わない
▼
「完璧を目指したから……」と自分に言い訳できる

セルフ・ハンディキャッピング
自分をあえて不利な状況に追い込んで自分を守ろうとすること

「できないこと」に手をつけようとする

完璧な結果を求める完璧主義者は仕事のスタートが遅くなり、あらゆることに着手して時間をロス。結果的に締め切りを放棄してしまう。一方、完璧を目指さない現実主義者は、スタートが早く、できることだけを選んで実行するため、締め切りに間に合う。

完璧を目指す人

完璧な計画を立てようとする
▼
スタートが遅くなる
▼
すべてに完璧を求める
▼
途中であきらめる

完璧を目指さない人

「できること」を優先する
▼
スタートが早い
▼
締め切りに間に合う

対策 「使える時間」を冷静に見積る

「使える時間」を計算すれば完璧にできないことがわかる

下の方程式で、仕事のために使える時間がわかる。1日に使える時間がわずかなことを数値として実感できれば、完璧を目指す時間が残されていないことも理解できる。

POINT

- □ ほとんどの人が正確に見積れない
- □ 時間に換算することで納得できる

「使える時間」を見積る方程式

P.10

24時間 － 生活のために必要な時間 － 割り込み時間 ＝ 使える時間

対策 タスクリストを毎日書いて、行動記録にする

1日にやることをすべて書いて寝る前または朝にリストを作成

1日ぶんのタスクリスト（P.11）を1シート（または1ページ）に毎日記録してみよう。これは「タスクシュート式」と呼ばれる時間管理術。1分以上かかるタスクをすべてリスト化して「見積り」を出し、その結果を記録するというもの（詳細は下欄のホームページを参照）。佐々木さんはこの管理術を日々実践している。

タスクリスト

ノート

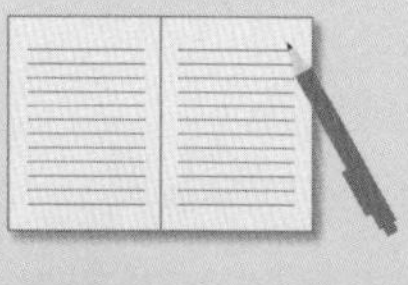

Excel

Excelを使って1日の時間を記録する場合は、時間管理ツール「TaskChute」が便利。

POINT

- □「やったこと」が行動記録になる
- □ 重要度や優先順位は無視する

優先順位は考えない

完璧主義の人は「すべてを優先しなければ」と考えがち。このタスクリストを作成するときは、優先順位を考えず、朝の時間帯に難しい仕事をこなすように振り分けていく。

やることだけを書く

「やること」としてリスト化したタスクは、できるだけその日のうちに終えるように努力する。見積りと大きく食い違ってしまったタスクは、反省材料にして今後に生かす。

やらないことは書かない

どんなに重要でも、今日やらないことは書かない。あれもこれもと欲張り、できないことを書くと先送りにするタスクが増えるだけ。時間を管理する意味がなくなってしまう。

やったことだけを記録する

このタスクリストは「予定表」ではないので、当初の見積りとズレてもOK。実際にやった時間を記録すればよい。リスト化を習慣にすれば、このズレが少しずつ減少していく。

●「TaskChute」情報サイト　http://taskchute.net/
●「TaskChute1（無料版）」　https://55auto.biz/cyblog/touroku/taskchute1.htm

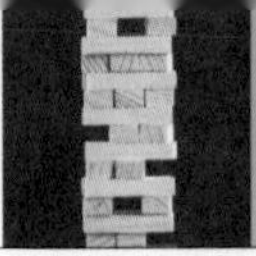

Part 2

7つの鉄則を守って集中力をコントロールする

4つのクセを回避したら、次は集中力をコントロールしよう。佐々木さんが推奨する鉄則を守って、自在に集中できる人になろう!

鉄則 1 集中力に関する思い込みを捨てる

まず、集中力の欠如を自分の能力のせいにするのを止めること。また、集中力を発揮することは必要以上に難しいと考える必要もない。これらの思い込みを捨て、「集中力は自分でコントロールできる」と信じることが大切だ。そのうえで、「割り込んでくる人」や自分の「集中したくない気持ち」を素直に受け入れればよい。

（集中力に関するよくある思い込み）

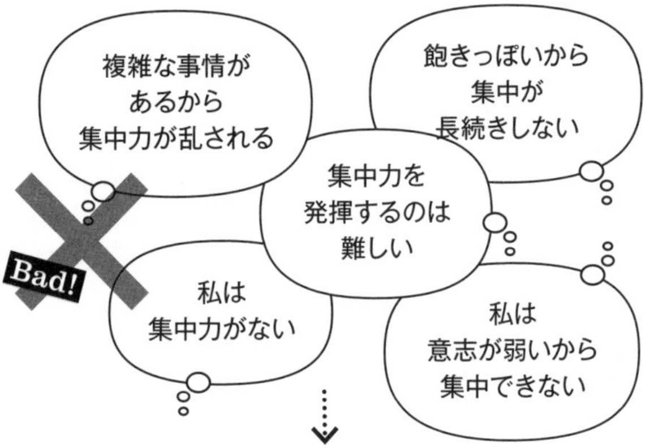

Bad!
複雑な事情があるから集中力が乱される
飽きっぽいから集中が長続きしない
集中力を発揮するのは難しい
私は集中力がない
私は意志が弱いから集中できない

集中力が乱される本当の理由

自分が集中を妨げる	他人が集中を妨げる
理由：本当は集中したくないから	理由：割り込んでくる人がいるから

2 鉄則 内側から聞こえる「心の声」を消す

「集中する」とは「対象に注意を向ける」ということ。水が高いところから低いところに流れるように、注意を向ける対象は、常により楽なほうに向かう傾向がある。集中しているときに自分の声が聞こえてきたら「楽なほうへの誘い」と考えよう。この雑念を意識的に振り払えば、集中できる時間は確実に長くなる。

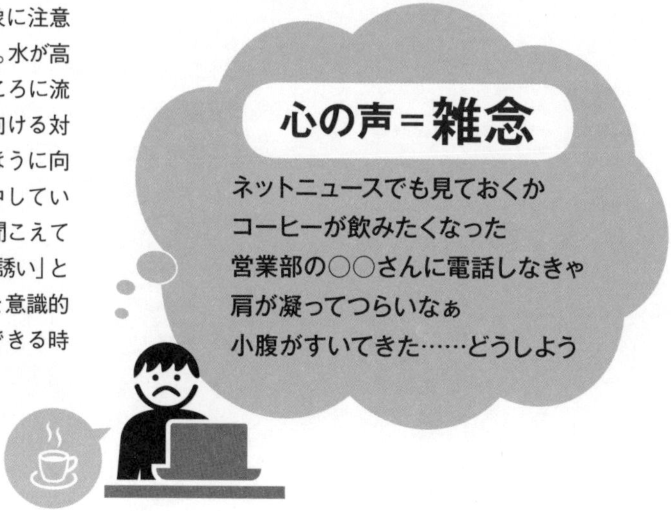
心の声＝雑念
ネットニュースでも見ておくか
コーヒーが飲みたくなった
営業部の○○さんに電話しなきゃ
肩が凝ってつらいなぁ
小腹がすいてきた……どうしよう

3 鉄則 意志力の使い道を制限する

雑念を振り払い、集中力を維持するために使う力（意志力）は有限だと考えよう。認知リソース（P.15）と同様に、1日に使える量は限られている。意志力は、ガマンが必要なことやストレスがかかる局面によって消費される。ムダに消費せず、仕事に使える意志力を残すことで、結果的に効率がアップする。

集中力を維持する力（意志力）の総量は有限

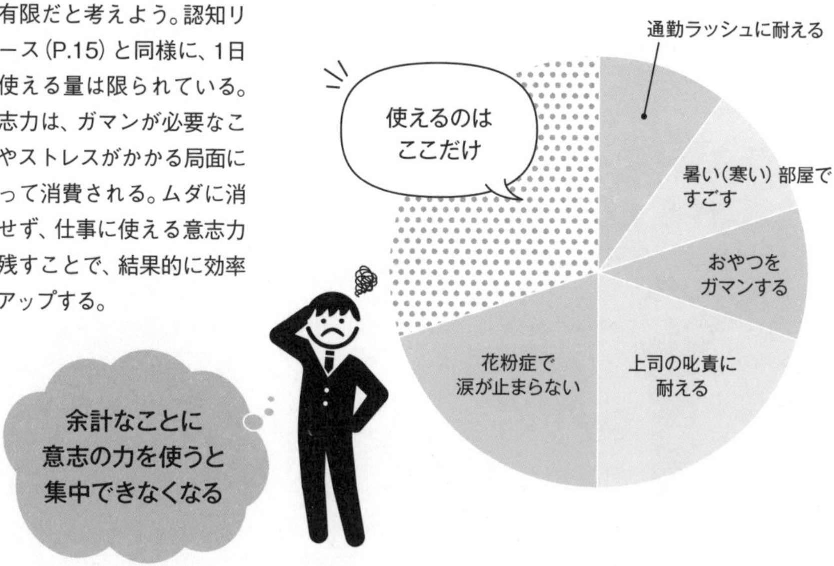
通勤ラッシュに耐える
使えるのは
ここだけ
暑い（寒い）部屋で
すごす
おやつを
ガマンする
上司の叱責に
耐える
花粉症で
涙が止まらない
余計なことに
意志の力を使うと
集中できなくなる

鉄則4 集中したいときは同じ条件で行う

いつも同じ音楽を聴けば、騒音をカットできる。集中力が途切れたときは音楽が気になるので、バロメーターとしても有効だ。一方、同じ道具や同じ場所を使うことも大切。人間は道具や空間を詳細に記憶しているため、少しでも違いがあると、集中力を妨げる原因になる。その意味で「ルーチン」を求めることも大切だ。

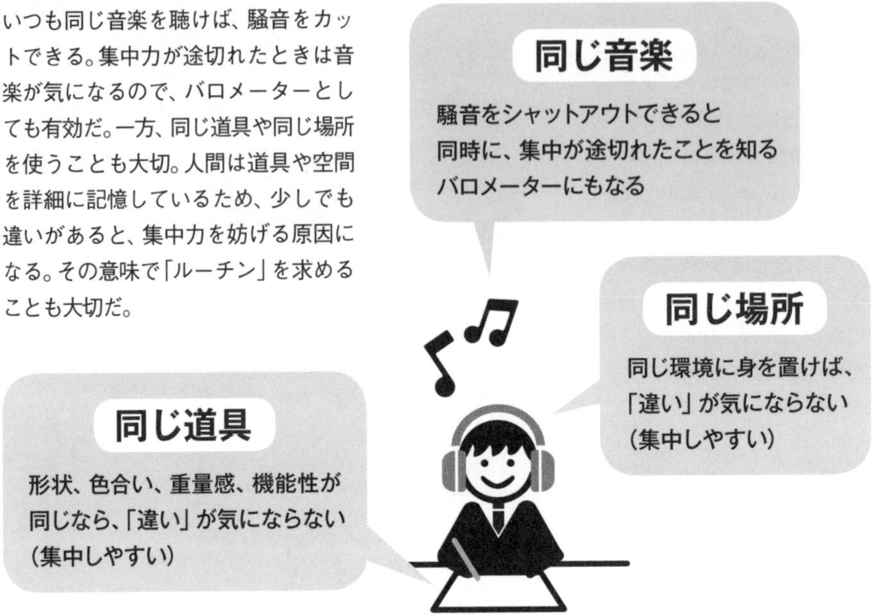
同じ音楽
騒音をシャットアウトできると
同時に、集中が途切れたことを知る
バロメーターにもなる
同じ場所
同じ環境に身を置けば、
「違い」が気にならない
（集中しやすい）
同じ道具
形状、色合い、重量感、機能性が
同じなら、「違い」が気にならない
（集中しやすい）

鉄則5 次にやることを「決定済み」にする

集中力を操るためには「能動的に集中する体験」が必要。まず、深呼吸をしながら1分間だけ集中してみよう。1分間だけなら、特別なトレーニングは不要だ。さらに、「ほかのことは一切やらない」と心に誓い、次にとりかかるタスクを「決定済み」の状態にする。「○○に集中する」と紙に書いて宣言してもOK。だれもができる簡単なことだが、集中力をコントロールする力を着実に養える。

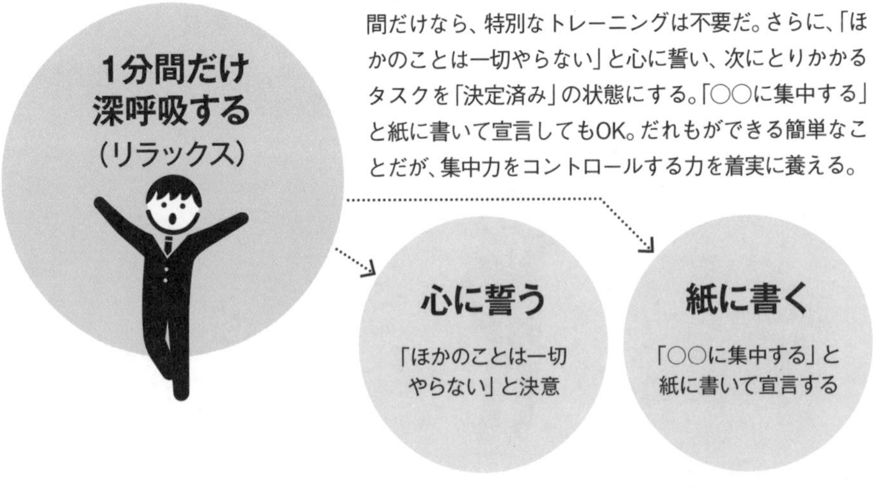
1分間だけ
深呼吸する
（リラックス）
心に誓う
「ほかのことは一切
やらない」と決意
紙に書く
「○○に集中する」と
紙に書いて宣言する

鉄則6 締め切りを決めてトライする

「×時までにかたづける」と、現実的な締め切りを設定すれば、集中力が高まる。報酬は出ないが、集中することで時間が速く流れ、作業から早く解放されるというメリットがある。さらに、今日集中できたことで「明日もきっと集中できる」という気持ちが芽生え、自発的に集中力を維持できるようになる。

(現実的な)
作業の締め切りを
自分で決める
12
現在の時刻
9
3
6
締め切り

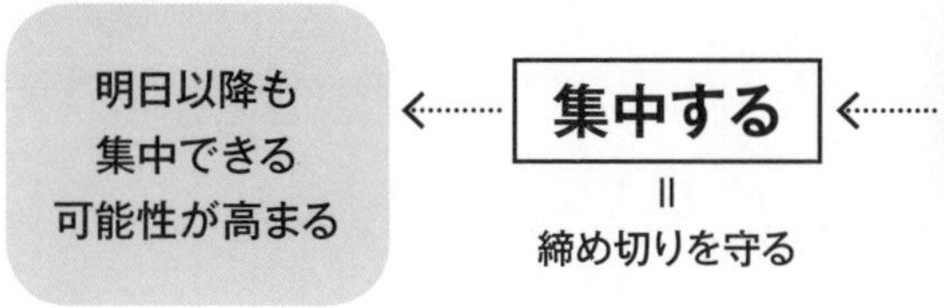

明日以降も
集中できる
可能性が高まる
集中する
＝
締め切りを守る

鉄則7 目立つところにメモを貼る

人は視覚から入る情報を無視することができない。そこで、仕事場の机のいちばん目立つところに、今もっとも重要な案件に関するメモを貼っておこう。メモの内容はできるだけ具体的なほうがよい。出社するたびにメモを読めば、スムーズに作業に入れるようになる。このメモは集中を支援するツールとして機能する。

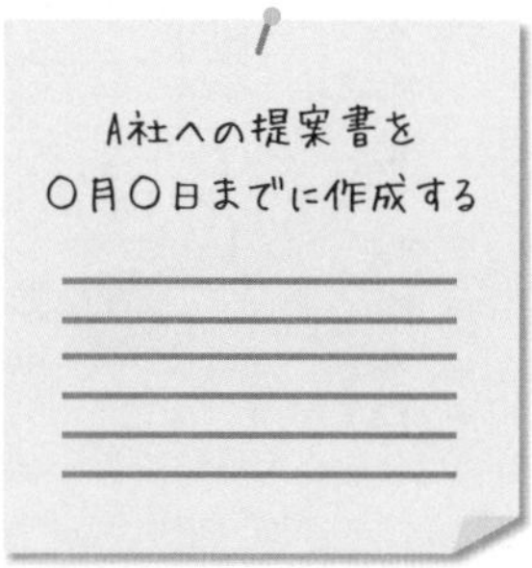

A社への提案書を
○月○日までに作成する

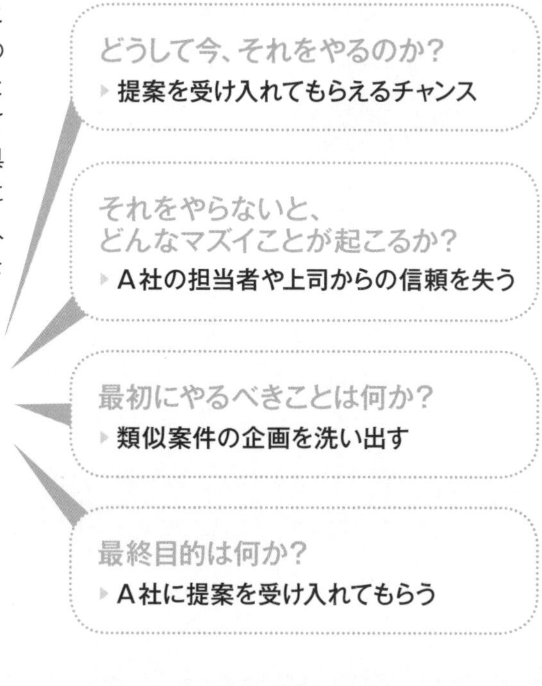

どうして今、それをやるのか？
▸ 提案を受け入れてもらえるチャンス
それをやらないと、
どんなマズイことが起こるか？
▸ A社の担当者や上司からの信頼を失う
最初にやるべきことは何か？
▸ 類似案件の企画を洗い出す
最終目的は何か？
▸ A社に提案を受け入れてもらう

頭だけで考えない 法則

× 考えがまとまらない

○ 書きながら考えるとまとまる

考えがまとまらないときは紙に書いてみよう。書きながら考えることで、答えが見つかる場合がある。書くことで問題が整理され、集中しやすくなるのは事実。図にしてみるのもよい方法だ。頭だけで考え続けると、時間を浪費してしまう場合がある。

集中力アップに役立つ！「しない」の法則

集中力を維持するために回避すべき行動もある。これを「しないの法則」として、まとめて紹介。どれも佐々木さんが日々実践していることだ。

すぐに調べない 法則

× ネットの閲覧で時間をロス

○ まとめて調べれば効率アップ

ネットで調べものをするのは、もはや当然のこと。しかし、「調べる」という作業は集中力を妨げる原因になりやすいので、注意が必要だ。調べものの最中にネットを閲覧して脱線、という経験はだれにでもあるはず。そこで、「調べなければ作業が進まない」というケースを除き、調べものはできるだけまとめて行うようにしよう。集中してタスクをこなしてから、まとめて調べたほうが、全体の作業時間を短縮できる。

視界に入れない

法則

✕「見えない化」すると気が散らない
○見えていると落ちつかない

本を読むときも、仕事をするときも、メールに返事を書くときも、余計なものを目に入れないようにすることで、集中力は高まる。人の脳は、視界に入るものを無視しにくいという性質があるため、関係のないものを排除したほうが集中しやすくなる。仕事に無関係な資料を机に置かないように配慮するだけでも効果がある。

メールチェックしない

法則

✕メールチェックで朝の時間がうまる
○朝は大切なタスクを実行する

メールチェックから仕事を始める人は、朝の貴重な時間を返信に費やしてしまう。緊急の用件でないかぎり、メールへの返信は後回しにするべきタスク。惰性で対応するのは考えものだ。認知リソース（P.15）は刻一刻と減少するので、午後に回したほうが合理的だ。

充電器を持たない

法則

✕充電器があるとダラダラ仕事に
○「区切り」があることで集中できる

外出先で仕事をするメリットは、区切られた短時間で何らかのタスクを消化できるという点にある。その意味で、パソコンの充電器は不要。「充電器があったほうが安心して作業に集中できる」という考え方もあるが、30分、40分と時間を区切らずにタスクに向かうことで、ついダラダラ仕事を続けてしまうという人も多い。オフィスを持たない一部の人は別だが、仕事の場所を選べる場合は、時間を区切ったほうが効率がよい。

法則 何でもかんでも印刷しない

× 文書はすべて印刷して読む

○ 大切な資料だけを印刷して読む

仕事の文書は日に日に増えている。メール経由で送付されてくる資料も莫大な量に及ぶため、すべてを印刷して読むのはそもそも不可能。ところが、パソコンのモニタで大量の文書を読んでいると、集中力はどんどん低下する。人間の脳は同じ機能を使い続けることを好まないからだ。そこで、おすすめしたいのが、大切な文書だけを印刷して読むという方法。紙面を読むときに、脳はモニタで読む場合とは違う機能を使うため、集中力を保ちやすくなる。

法則 寝だめをしない

× 睡眠不足が続くと集中力が低下

○ 1日の総時間で睡眠不足を補う

頭がぼんやりした状態でテキパキと仕事をこなすことはできない。個人差はあるが、適度な睡眠は集中力を保つうえでも不可欠。慢性的な睡眠不足は集中力の低下を招く。寝だめは効果がないが、仮眠や昼寝はそれなりに効果がある。忙しいときは睡眠を小分けにして、1日の総時間を確保しよう。

残業ゼロでも必ず結果を出す!

時短・スピード仕事術

残業ゼロでも必ず結果を出す！ **時短・スピード仕事術**

仕事が速い人がやっている スゴワザ13

現代のビジネスパーソンは短時間で結果を出すことを求められる。スピィディーに効率よく目前の仕事をかたづけつつ、質を落とさないようにするために、何をどうすればいいのだろうか。今回は、「段取り」「伝達力」「マインド」の3つのテーマで識者に取材。現役コンサルタントから、ビジネス書のベストセラー作家、起業家、そして精神科医まで、計13人のプロフェッショナルにそれぞれのノウハウを披露してもらった。

Arrangement

段取りを変える

同じタスクでも、段取りによって作業時間は大きく変わる。
仕事の段取りがうまければ、残業をせずとも結果を出せるようになる。
仕事で目を見張るような結果を残してきた6人のプロフェッショナルに、
それぞれの視点から、仕事をうまく運ぶコツを伝授してもらう。

Ttransmission

伝達力を磨く

よい企画や斬新なアイデアを練り込んで、しっかり準備しても、
相手に伝える力がなければ、望んだ成果をあげることはできない。
ここでは、伝達力を磨いてさまざまな局面を乗り切った4人の識者が、
すぐに実践できる、とっておきのテクニックを披露してくれた。

Business mind

マインドを改革

仕事に対するモチベーションだけでは難局を乗り切ることはできない。
自分のなかに確固たるベースを築かなければ、いつか息切れしてしまう。
ビジネスパーソンは組織や個人に対して、どのような考えを持つべきか。
メンタルコーチ、組織論のプロ、精神科医の3人からアドバイスをもらった。

1 先読み

「アウトプットを先読みすれば ムダな手間と時間を省ける」

先を見通しながら仕事を進めていけば、致命的なミスや仕切り直しを防げる。そんな「先読み」の具体的な実践方法を石原英貴さんに教えてもらった。

教えてくれた人

石原英貴さん

Hidetaka Ishihara

PROFILE

京都大学工学部工業化学科卒業。京都大学大学院工学研究科物質エネルギー化学専攻修了（工学修士）。ノースカロライナ大学経営学修士（MBA）。ソニー株式会社を経て、ドリームインキュベータに入社。エレクトロニクス、環境エネルギー、自動車、医薬品・医療機器など、技術分野を中心に事業戦略立案・実行支援に従事。

不測の事態に備えて仕事を効率化する

仕事の局面は刻一刻と変化するため、ムダな手間と時間を省くことに、大きな意味がある。

「われわれの仕事は、簡単に言えば、クライアントが抱える課題の解決策を提案することです。スピードが求められる時代ですから、解決策が有効なものであるかを検証するのも効率よく行わなければなりません」

そこで、石原さんが実践しているのが、アウトプットを生み出すプロセスをシミュレーションしてから、行動を起こす方法だ。

「ゴールまでの道のりを想像せずに着手し、最初からやり直しにでもなれば、大変な時間のロスになります。それを防ぐために『先読み』が重要なのです」

自分自身の仕事はもちろん、チーム内、クライアントとのミーティングなど、さまざまな場面で「先読み」すれば、時間を効率よく使える。

ただし、ときには「先読み」のできない事態も発生する。

「予期できないミスや仕切り直しが発生しても、ほかの部分を効率化しておけば、アウトプットの質を下げることなく対処できます」

そのためにも、今回紹介する方法で「先読み」して、仕事の効率化を図ろう。

完成までのプロセスを想像すれば最も効率的な方法を選べる

仕事の先読みは、まず「どこにたどりつけばいいか」を決めることから始めよう。最終的なアウトプットのイメージを固めたら、どうすればその結果を得られるか、そこに至るまでのプロセスを想像する。複数のプロセスを検討し、最も効率のよいものを実行するわけだ。イチからやり直さなければならないような、時間の致命的なロスが未然に防げるので、そのぶん、アウトプットの質を高めることに労力を使える。

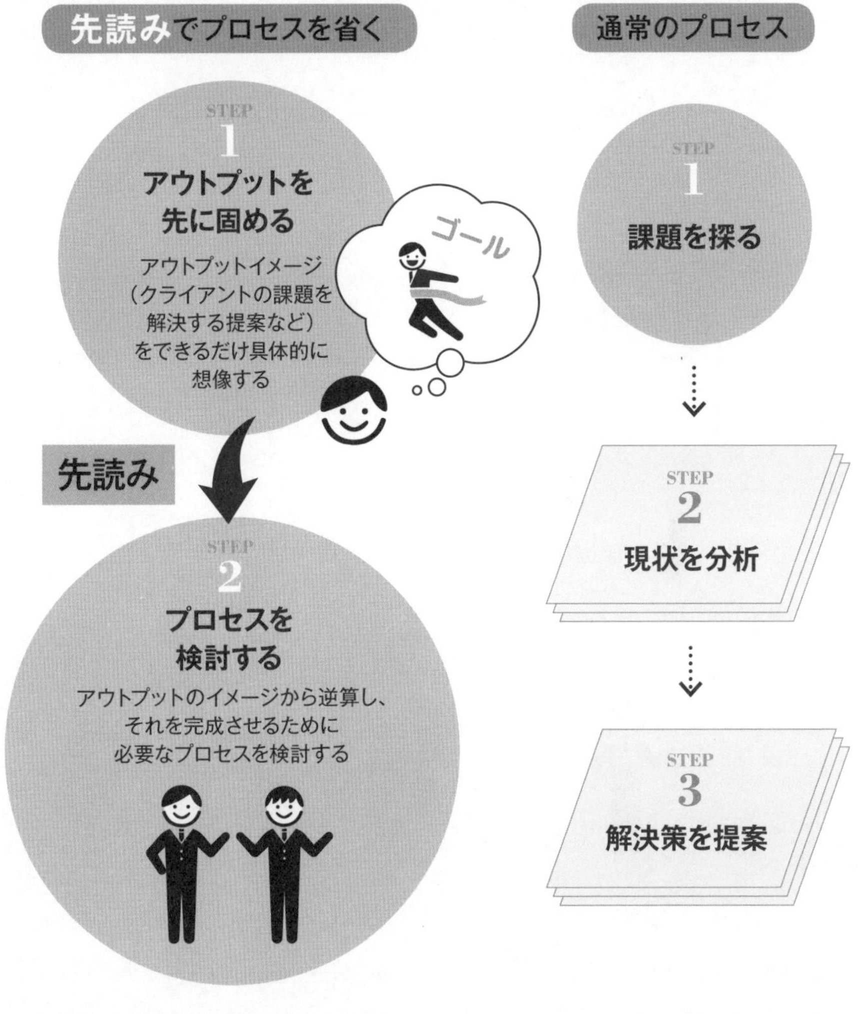
先読みでプロセスを省く
STEP 1
アウトプットを先に固める
アウトプットイメージ（クライアントの課題を解決する提案など）をできるだけ具体的に想像する
ゴール
先読み
STEP 2
プロセスを検討する
アウトプットのイメージから逆算し、それを完成させるために必要なプロセスを検討する
通常のプロセス
STEP 1
課題を探る
STEP 2
現状を分析
STEP 3
解決策を提案

？こんなときはどうする？

Q クライアントから有益な情報を得られない

A クライアントとのミーティングを事前にシミュレーションする

ミーティングでどのくらい情報を引き出せるかは、事前の準備の仕方による。「もっと話を聞きたい」などと、何度もアポをとるのは時間のロス。事前にアウトプットのイメージをしっかり固め、必要な情報を見極めてから、会議に臨むようにしよう。また、自分が聞きたいことだけでなく、「相手はどんな情報を持っている人か」も調べておくことが重要。、会議でのやりとりをシミュレーションすれば、アウトプットに必要な情報を効率よく引き出すことができる。

事前シミュレーションのポイント

POINT 1
アウトプットのイメージから欲しい情報を見極める

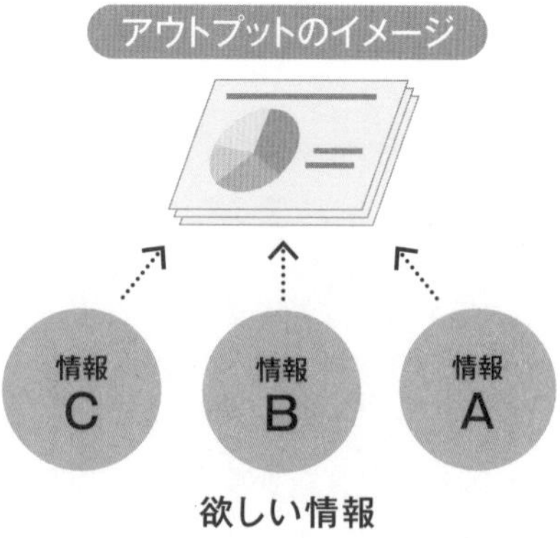

最終的に作りたいアウトプットのイメージを想像し、そこから逆算して、足りない情報を割り出していく。

POINT 2
相手の情報をできるだけ集める

相手がどのくらい情報を持っているかを事前に調べておく。相手の興味など、雑談のネタも準備しておくといい。

当日のポイント

POINT 1
雑談で情報を話しやすい雰囲気を作る

本題に入る前に雑談をして、相手に気分よく話をしてもらえるような雰囲気を作る。このあと情報をより引き出しやすくなる。

POINT 2
事前のイメージの足りない部分を補う

足りない情報について質問をしていく。ミーティングは、事前に準備したアウトプットのイメージを検証するための場と考えよう。

プラスアルファの +α Advice

仕事を先読みする習慣をつければプライベートも充実する

石原さんによれば、かつて仕事が終わらないと「徹夜してでもやり遂げる」と考えがちだったという。しかし、最近は「この作業は3時間で終わらせる」と決めたら、早々に眠りにつき、早朝に取り組むようにしているそうだ。もちろん、これは作業プロセスをしっかり先読みしているからできること。このように、仕事を効率化できれば、睡眠時間もしっかり確保でき、生活が乱れることもなくなる。

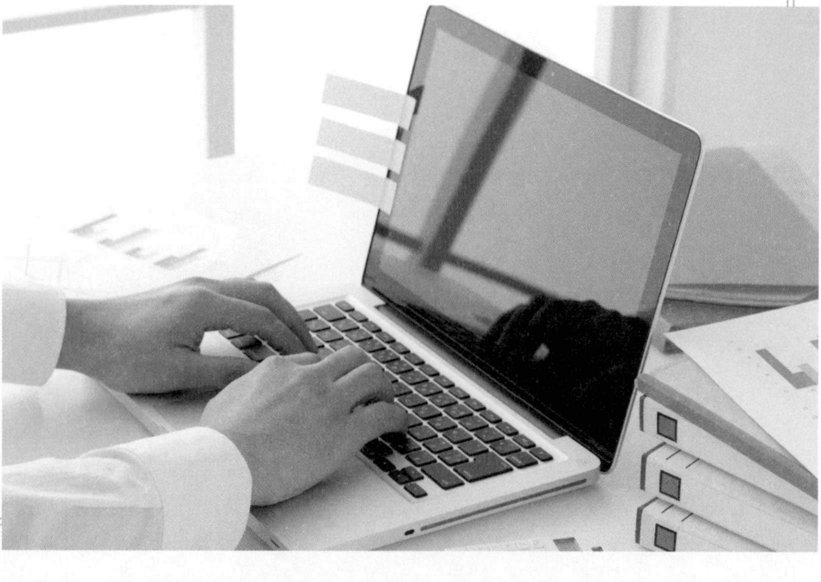

? こんなときはどうする?

Q メンバーの成果物の修正に時間がかかる

A メンバーが持っているイメージを確認し、対応を変える

自分がチームを率いる立場の場合、アウトプットのイメージをメンバーと共有しておくことは大切。共有できているかどうかを確かめるには、週1回のミーティングなどで、ホワイトボードに文字を書いて説明してもらえばいい。論理的に破綻するようなら、あらためて自分のイメージを伝えよう。こうすれば、メンバーの成果物が大きく異なることはなくなり修正点も減る。

メンバーがイメージを持っているか

イメージを持っている場合

イメージの細部は共有しない

↓

自分の想像以上の成果物をあげてもらう

自分のイメージより質の高いアウトプットを生み出してもらうため、細部まで共有しないのも手。

イメージを持っていない場合

イメージの細部まで共有する

↓

やり直しのムダが省ける

自分と同レベルになるまで説明する。図解するより文字を書くほうがロジックを伝えやすい。

こんなときはどうする?

Q 予想しなかった作業が発生し、仕事が滞った

A 先読みできるタスクを前倒しして、不測の事態に備える

スケジュール管理は、タスクを完了させるプロセスをシミュレーションすることが大切だ。プロセスを先読みできるタスクは締め切りを前倒しして自分なりの「マイルストーン」を定めて取り組む。こうすれば時間に余裕が生まれるので、万が一、先読みできないタスクで不測の事態が発生しても、プロジェクトを遅らせずに対処できる。

Good! 前倒しのスケジュールで予期しない事態の発生に備える

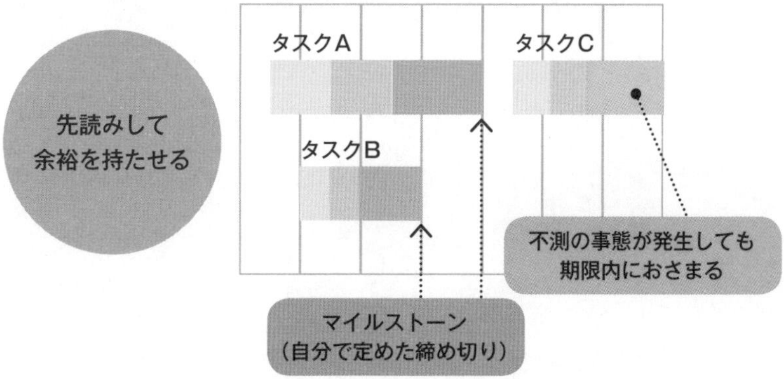

Bad! ギリギリのスケジュールでは不測の事態に対応できない

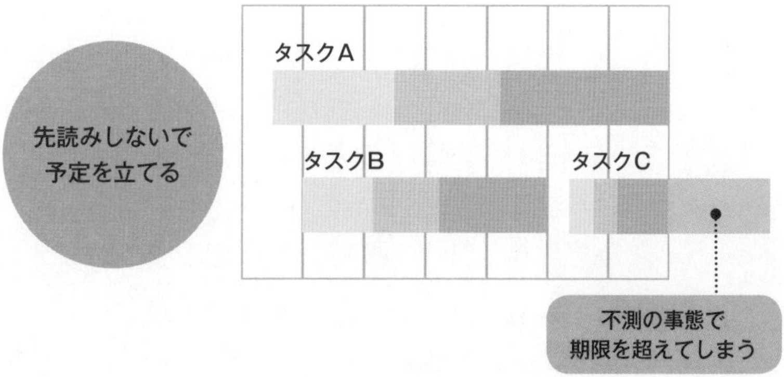

ロケットスタート時間術

ロケットスタート時間術で締め切りを守れる人になる

「仕事が終わらない」「今日も残業か……」とうなだれている人も、あきらめるのはまだ早い。仕事に追われる状況から脱出するヒントを、時間術を極めた中島聡さんに教えてもらった。

教えてくれた人

伝説のプログラマー
中島 聡さん
Satoshi Nakajima

PROFILE
1960年北海道生まれ。早稲田大学大学院理工学研究科修了。学生時代からソフトウェア開発に携わり、大学院修了後、NTTの研究所を経てマイクロソフト日本法人に入社。米国本社ではWindows95／98などの開発に従事した。著書に『なぜ、あなたの仕事は終わらないのか スピードは最強の武器である』（文響社）がある。

仕事が終わらない原因であるラストスパート志向をやめる

中島さんによると、仕事が終わらない人の特徴は3つあるという。

「ひとつ目は仕事を安請け合いしてしまうこと、2つ目はギリギリまでやらないこと、3つ目は計画の見積りをしないことです」

上司から仕事を受けたとき、締め切りが守れない人は深く考えず「できます！」と即答してしまう。

中島さんは、これを数学のテスト問題に例え、応用問題に予想以上の時間がかかることを認識できていない状態だという。仕事も同じで、一度手をつけてみないとどれくらい時間がかかるかはわからないはずだ。

また、仕事をギリギリまでやらない場合、心理的に圧迫されるため、効率が下がる。中島さんは、この「ラストスパート志向」が諸悪の根源だと指摘する。

さらに、計画の見積りが甘いと、進行に影響の出る段階で新しい提案をしてしまうことも。それが画期的なアイデアなら、上司を困らせ、結果的にチーム全体に迷惑をかける。これらは「すべて時間の使い方の問題」と中島さんは指摘する。中島さんが提案する「ロケットスタート時間術」を理解すれば、これらの問題がいっきに解決。次ページから具体的に紹介していく。

まずはコレから！

寝る前に翌日のタスクリストを作成する

中島さんは、寝る前に必ずノートにタスクリストを作成する。ノートの各行の左端にチェックボックスを書き、その右に仕事の内容を書く。大切なのは、仕事を15分単位でできる内容に細分化すること。大きなタスクは中くらいの規模に切り分け、さらに小さなタスクに落とし込む。このタスクリストがあると、チェックがつくたびに仕事にリズムが生まれる。これが高揚感につながり、仕事を追っている感覚をもたらす。

STEP 1 大きなタスクを小さなタスクに落とし込む

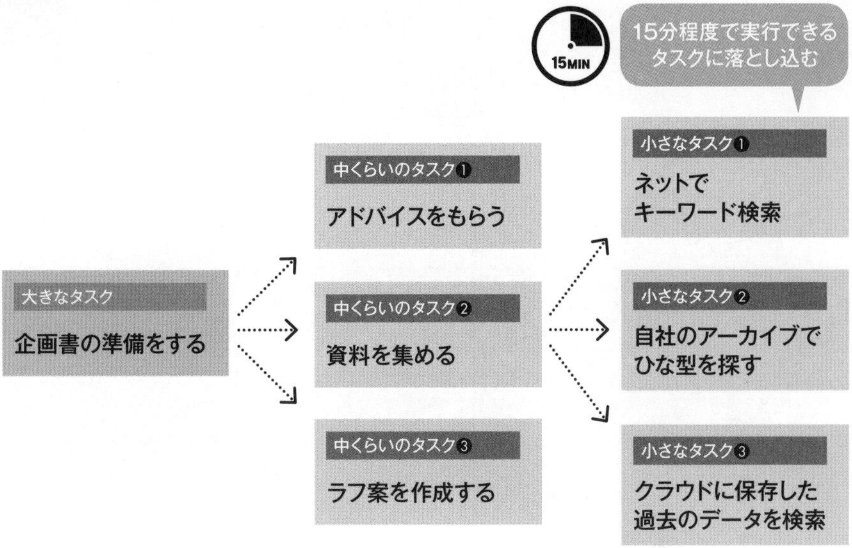
15MIN
15分程度で実行できるタスクに落とし込む
大きなタスク
企画書の準備をする
中くらいのタスク❶
アドバイスをもらう
中くらいのタスク❷
資料を集める
中くらいのタスク❸
ラフ案を作成する
小さなタスク❶
ネットでキーワード検索
小さなタスク❷
自社のアーカイブでひな型を探す
小さなタスク❸
クラウドに保存した過去のデータを検索

STEP 2 ノートに小さなタスクを書き出して明日に備える

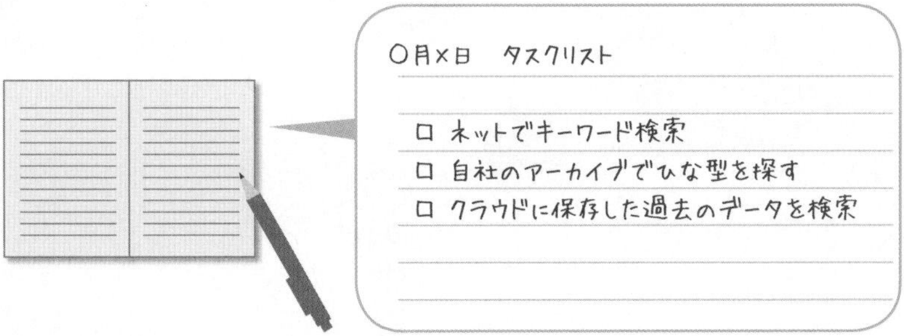
○月×日　タスクリスト
□ ネットでキーワード検索
□ 自社のアーカイブでひな型を探す
□ クラウドに保存した過去のデータを検索

POINT 1 ロケットスタート時間術でタスクをこなす

中島さんの「ロケットスタート時間術」は、締め切りまでの期間を「ロケットスタート」と「流し」の期間に２：８の割合で分け、ロケットスタートの期間に仕事をほぼ完成までこなし、確実に終えられる納期を導き出すというもの。この期間はメールに返信する、Facebookを見るなど外部との接点はできるかぎりなくし、猛烈に仕事をする。考えてから手を動かすのではなく、手を動かしながら考える。すると残り８割の期間で余裕を持って完成させることができる。中島さんは、繁忙期ではなくてもこのスタイルを維持。ときにはロケットスタートのために徹夜をすることもあるという。

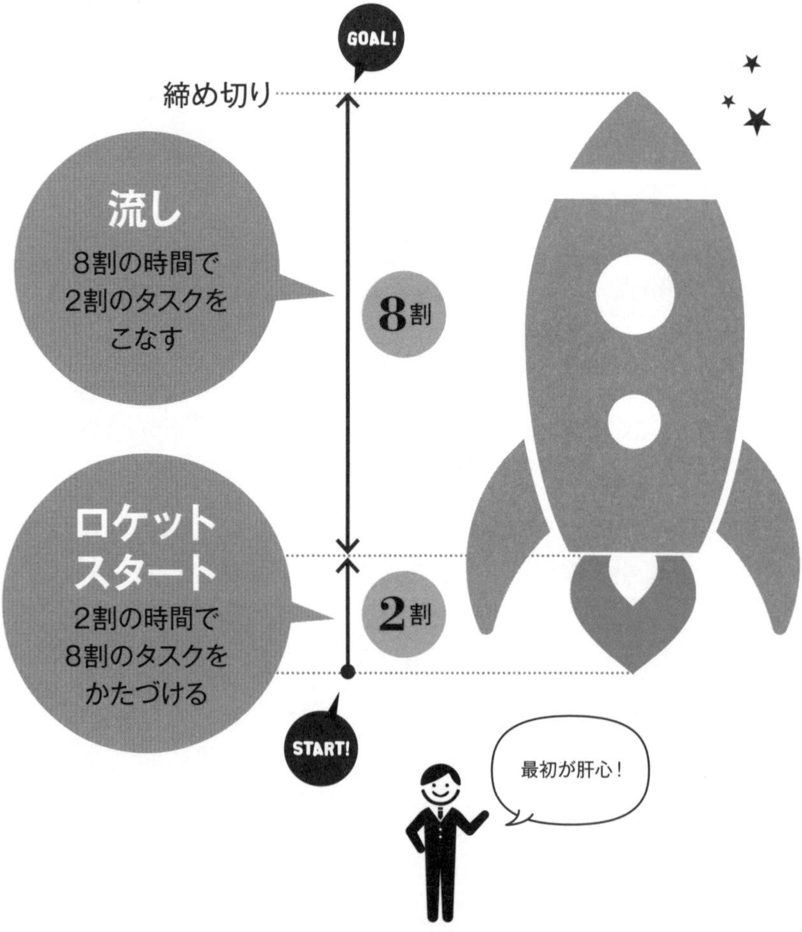

ココがスゴイ!

ロケットスタート時間術なら、想定外のトラブルに対応できる

〈締め切りまでの猶予が10日の場合〉

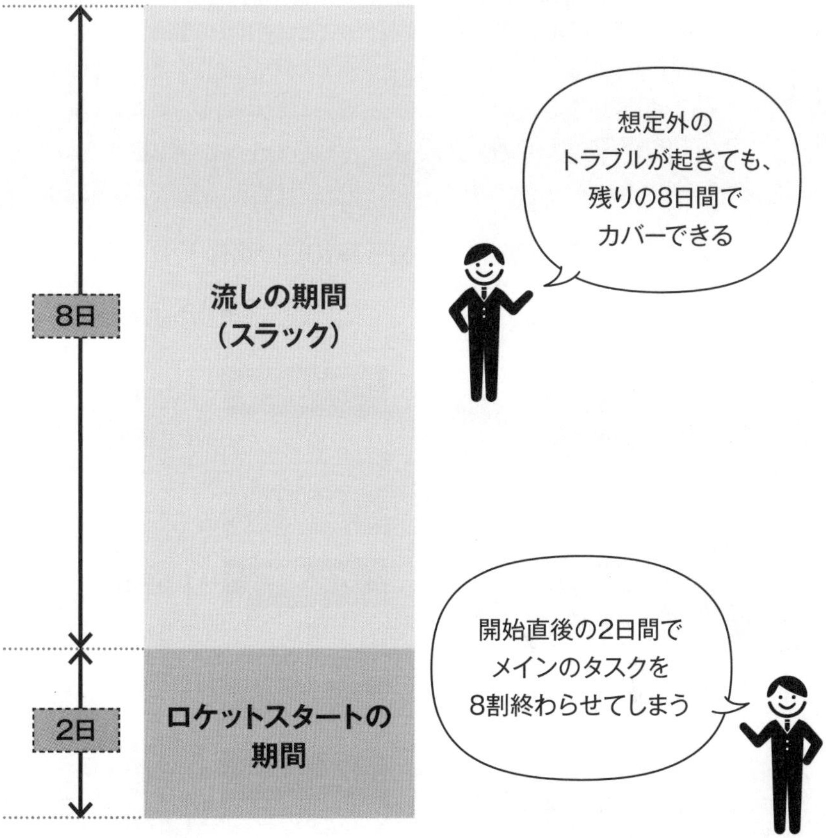
8日
2日
流しの期間
（スラック）
ロケットスタートの
期間
想定外の
トラブルが起きても、
残りの8日間で
カバーできる
開始直後の2日間で
メインのタスクを
8割終わらせてしまう

スラックを確保してトラブル対処に充てる

仕事を受けたら上図のように2割の期間でほとんどの仕事を終わらせれば、残り8割のスラック（「流しの期間」の意味）で想定外のトラブルなどに対応できる。また、2割の期間中なら、周囲への影響が少ないため、もしも仕事に手をつけて納期が厳しいと判断した場合も、上司から期限変更の承認が得やすい。

POINT 2 複数の案件もロケットスタートでこなす

忙しいビジネスパーソンなら、同時期に複数の案件を抱えることも、めずらしくはない。その場合は１日を案件の数で区切るという方法で対処しよう。たとえば、３つの案件を抱えている場合、朝は仕事A、昼は仕事B、夕方は仕事Cと振り分けよう。１日9時間働くと仮定して、それぞれ3時間ずつに分ける。各案件のはじめの２割をロケットスタートの期間、残り８割を流しの期間とすることに変わりはない。

例

複数の案件を効率よく進めたいときは?

〈 締め切りまでの猶予が10日の場合 〉

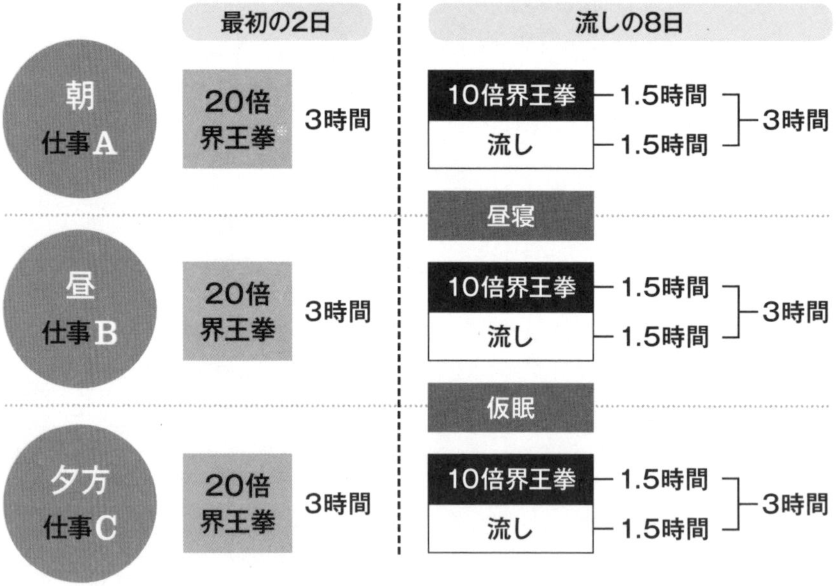

1日を分割してバランスよく進行させる

時間と集中力の配分を工夫しよう。中島さんは、ロケットスタートで集中力を要する期間を「界王拳」と呼び、状況に応じて10倍、20倍と名づけ、使い分けている。

※界王拳：漫画『DRAGON BALL（ドラゴンボール）』に登場する孫悟空の代表的な技のひとつ。気を限界まで高めて一時的に戦闘能力を底上げする。

プラスアルファの +α Advice

チームを組む相手の仕事が遅れたときも「流し」の期間を使う

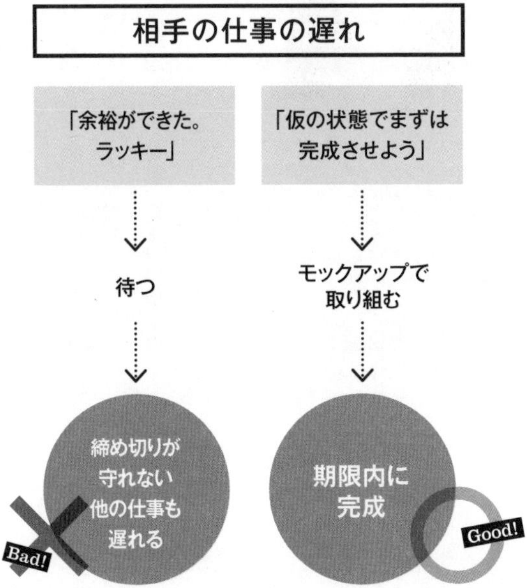

他の人の仕事の遅延と自分の仕事が進まないこととは、別問題として考えよう。有効なのは、モックアップ（完成間近の模型）を作り、相手の担当箇所を仮の状態として仕事を進めること。モックアップは、製造業の人ならダンボールを商品に見立てたもの、事務仕事の人なら手書きのラフ程度でOK。相手の仕事が仕上がってから、それに合わせて修正すれば、効率的だ。

3 問題解決

マッキンゼー流の問題解決で生産性の高い仕事をする

自分やチームのパフォーマンスを上げるには、課題を見極めて最短距離で動く必要がある。マッキンゼーで問題解決を学んだ大嶋祥誉さんに、その極意を聞いた。

教えてくれた人

組織開発・人材育成コンサルタント
大嶋祥誉さん
Sachiyo Oshima

PROFILE
エグゼクティブ・コーチ、組織開発・人材育成コンサルタント。上智大学外国語学部卒業。米国デューク大学Fuqua School of Business MBA取得。米国シカゴ大学大学院人文科学学科修士修了。マッキンゼー＆カンパニーでは、新規事業の立ち上げ戦略に従事。著書に『マッキンゼー流 入社1年目問題解決の教科書』（SBクリエイティブ）などがある。

「本質を見極めること」がスピーディーな仕事には必須

大嶋さんがマッキンゼーに入社して1年目、上司から「自分のバリューを出すように（チームの価値を上げろ）」と繰り返し言われたそうだ。「たとえば、とある業界について分析するよう命じられたとします。ただデータを集めて提示するだけでは『どういうつもりだ』と突き返されるのがオチです」

情報をもとに「そこからどんなことが言えるのか」と自分なりの所見を加え、仮説を提示しなければならない。それが自分のバリューを出すということなのだ。

「マッキンゼーは、世界中の会社や組織が抱えるだれにも正解がわからない問題の解決を仕事にしています」

先の見えない状況、正解のない問題に対して早く正確に答えを導き出すためには、的確な調査分析を行い、真の問題を最短距離で特定することが求められる。

「『そもそも何が問題なのか？』『隠れた真の問題とは？』と、原点に立ち戻る『ゼロ発想』。これは、入社1年目で叩き込まれる問題解決のスキルです」

ここで紹介するマッキンゼー流の問題解決の方法やコツを身につけて、仕事のスピードと質を同時に獲得しよう。

問題解決のコツ 1 「ゼロ発想」でそもそも何が問題かを探る

「○○事業が▲年連続赤字」という現状に対し「どうすれば黒字になるか」と、その対策を考えるのは、与えられた課題をこなしているだけだ。たとえその事業に歴史と伝統があっても、今後黒字に転化させることが絶望的であれば、「捨てることが最適」と結論づけるのがプロ。そして、残りの事業でどう収益を上げるかを模索する。このように、「そもそも何が問題なのか」と原点に立ち返ることを「ゼロ発想」と言う。

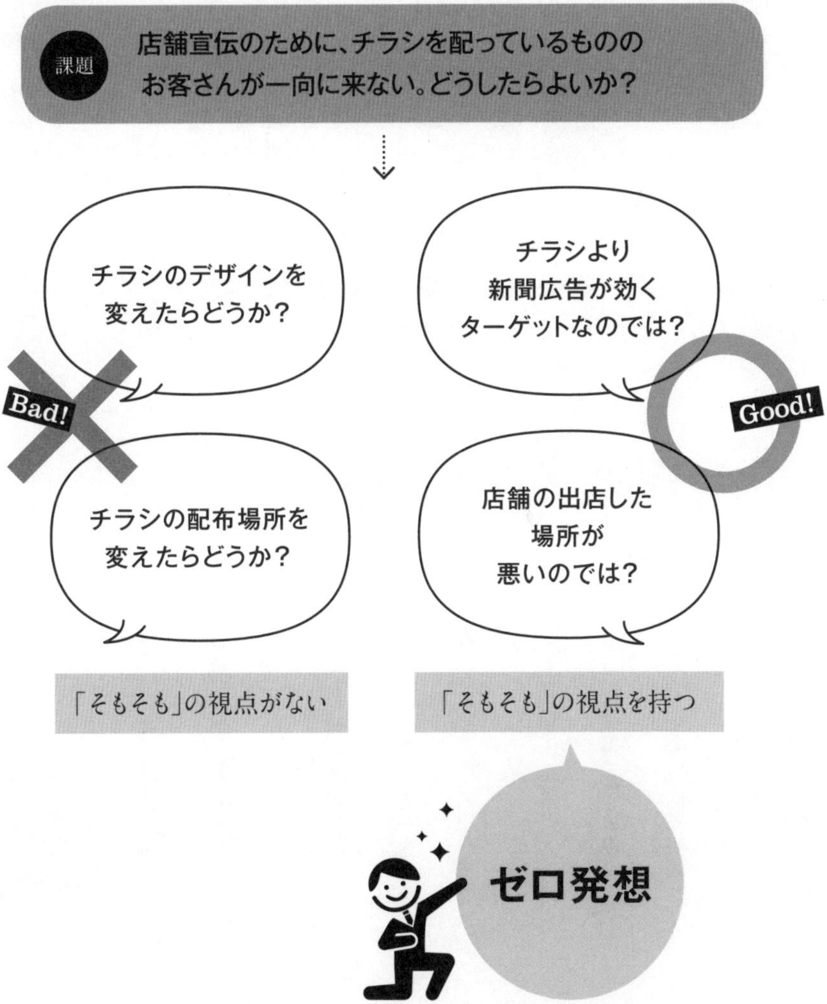
課題
店舗宣伝のために、チラシを配っているもののお客さんが一向に来ない。どうしたらよいか？
チラシのデザインを変えたらどうか？
チラシの配布場所を変えたらどうか？
Bad!
チラシより新聞広告が効くターゲットなのでは？
店舗の出店した場所が悪いのでは？
Good!
「そもそも」の視点がない
「そもそも」の視点を持つ
ゼロ発想

問題解決のコツ 2

自分の思考を「見える化」して相手を説得するためのフレームワークを作る

ビジネスにおいては、テーマや課題を設定し、メンバーやクライアントに対して、明確に、そして説得力を持たせながら、自分のメッセージを伝えなければならない。その論理構造を示した例が下図のようなピラミッドストラクチャーだ。これは他人に説明するときも、自分の頭を整理するときも役立つ。報告書やプレゼンの資料を作る、メールでの簡単な連絡をするなど、応用範囲の広いメソッドだ。

フレームワークの例（ピラミッドストラクチャー）

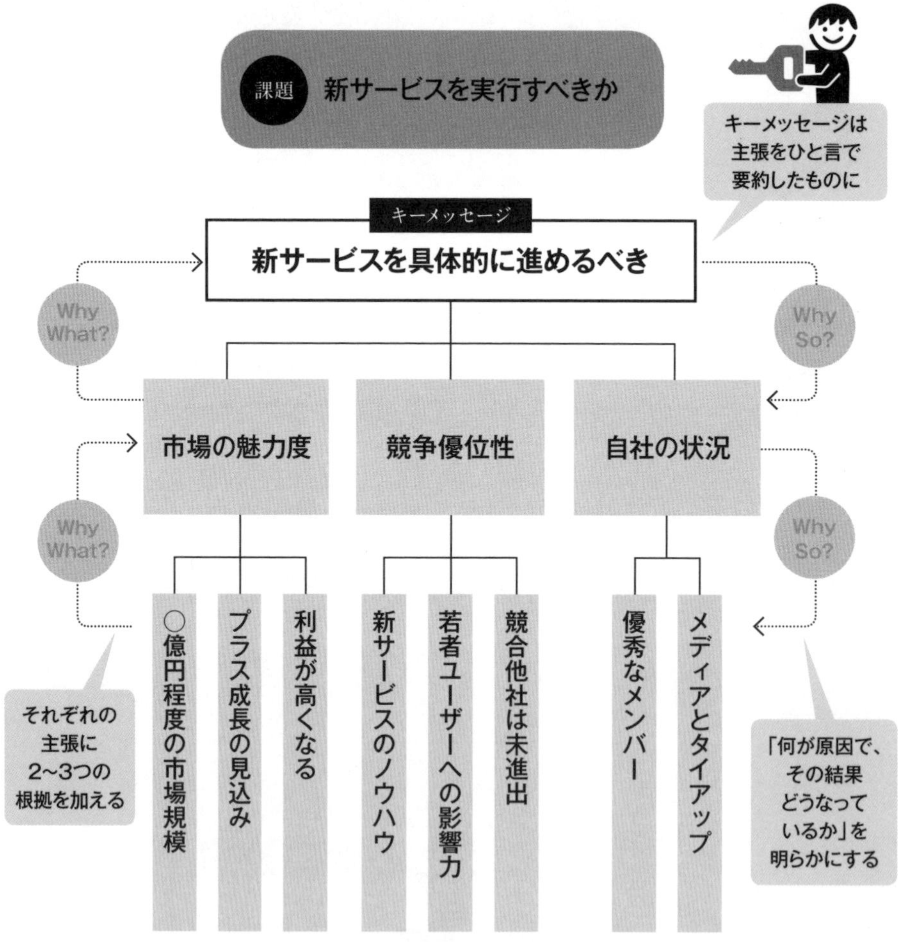

問題解決のコツ 3 コンテンツとプロセスを意識して会議の質を上げる

会議とはいえ、人や資源のコストがかかっていることを肝に銘じよう。コストに見合った成果を出すには、会議の「コンテンツ」と「プロセス」を意識する必要がある。前者は、会議の内容そのもののこと。会議の種類によって目的は異なるので、それを参加者全員で共有することが重要だ。また、後者は場所や雰囲気などのことだが、注目する人は意外に少ない。これらを工夫することでも、議論の質が上がる。

コンテンツ

会議の種類を見極める

進捗確認や問題解決の会議

↓

現実的な対応策を練る

アイデアを出し洞察を深める会議

↓

アイデアを20個出す

会議の種類によって、目的や必要性は異なる。
それぞれに求められるバリューを参加者全員が意識しよう。

プロセス

行き詰まったら
場所を変えて議論する

視野が狭くなってきたら、社外のカフェなどに移動するのもひとつの方法。
いいアイデアが生まれることも。

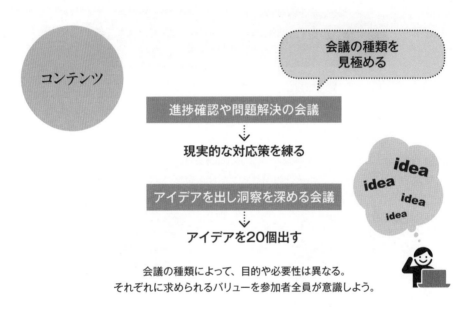

問題解決のコツ

4 コミュニケーションの仕組みを意識して最強のチームを作る

ビジネス上のチームは感情を持った人間の集まりだ。うまくいかない理由を突き詰めると「好き」「嫌い」に起因することがある。つまり、「嫌い」という感情をコントロールできれば、チームのパフォーマンスを上げられるというわけだ。具体的には、メンバー同士が共感できる機会や場所を積極的に作り出すことが大切。チームの関係がよいと、そこから生み出される製品やサービスは質の高いものになる。

課題 **メンバーが感情的に対立し、実績が出ない**

人間の感情はなかなか割り切れない。
「嫌い」という感情をお互いに持っていると
チーム全体が機能しない。

共感を高める

解決策 1
タイプが違っても「共感」できる点を探す

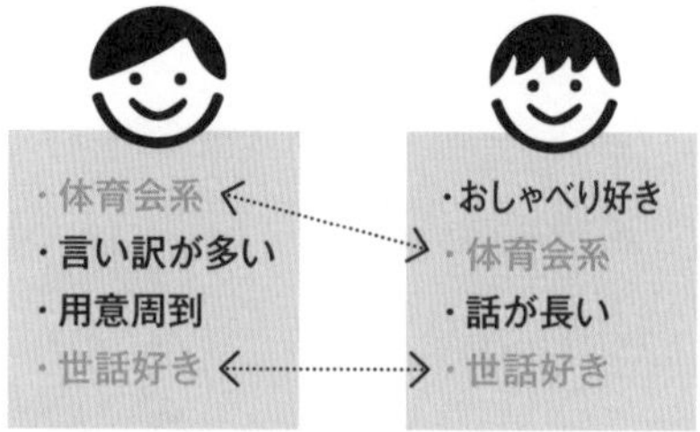

自分と似ている点、
評価できることを10個見つける。
親近感を持てれば、
「嫌い」の感情が和らぐ。

解決策 2
お互いに感謝を伝える場を設ける

日本企業ではあまりないが、
チームの結束力を高めることを
目的とした場を設ける。
食事の機会などを利用しよう。

プラスアルファの +α Advice

しっかり思考するためには良質な休息が必要

問題解決のスキルを高める資本となるのは、心と体。そのためには、十分な休息をとることが必要と大嶋さんは指摘する。いたずらに仕事の時間を延ばしてもパフォーマンスは上がらない。心身を健康に保つ習慣を身につけよう。

習慣 1

デジタルデトックスを意識する

「週末はメールのチェックはしない」「夜はSNSはやらない」などの習慣をつけることが大切。これらは自分でも気づかないうちに頭に疲労をもたらしていることがある。

習慣 2

仕事中に静かな時間を作る

休息をとるのは週末だけではない。ランチ後の20分間、公園を散歩するなど、普段の仕事中も意識的にリフレッシュの時間を設けたい。常に頭をクリアな状態にしておける。

習慣 3

十分に睡眠をとる

どうも頭が冴えないと感じているなら、試しに1週間、毎日22時前に就寝し、5〜6時に起床してみよう。朝型に切り替えれば、心と体の疲れがすっかりとれることを実感できる。

仕事量の配分

最適な仕事量の配分で予想外のトラブルに備える

多くの人を動かしつつ仕事のクオリティを保つには、仕事量を配分する工夫が必要。同時に予想外のトラブルに対処することも求められる。具体的なノウハウを織山和久さんに聞いた。

教えてくれた人

建築コンサルティングのプロ
織山和久さん
Kazuhisa Oriyama

PROFILE
博士・東京大学経済学部卒業。横浜国立大学先端科学高等研究院客員教授。三井銀行（現 三井住友銀行）を経て、1983年、マッキンゼー＆カンパニーに入社。コンサルタントとして建築、不動産、金融、官公庁などを担当。1995年、株式会社 アーキネットを設立。住民が建築家と話し合いながら創る「コーポラティブハウス」をプロデュースする。

ゴールもアプローチもわからない仕事こそ重要

現在、織山さんは、マッキンゼーで培った仕事術を生かして、第一線の建築家と作る「コーポラティブハウス」のプロジェクトをプロデュースしている。プロジェクトの関係者やスタッフを動かしながら、一定期間のなかで顧客のニーズに応えて結果を出すという点で、コンサルティングもプロデュースも同じ。仕事に対するアプローチは変わらないという。

「限られた時間で、一定の質を保ちながら仕事を進めるため、最初に作業の『種類』を見極めます」

まずは、ゴール（完成形）やアプローチ（取り組み方）が明らかかどうかで、仕事を4つに分類するという（詳細はP．48を参照）。

織山さんの場合、一日のうちで頭が最も冴えている午前中に集中力が必要な作業を割り当て、逆に、昼食後には、頭の働きが鈍っても取り組める作業を選択して行う。こうして、それぞれに適した時間配分や段取りを考えることで、作業時間が短くても仕事のクオリティを保てるのだ。

「仕事のなかには、ゴールもアプローチもはっきりしないものがあります。でも、そういう仕事にこそ価値があるので、ひらめいたときに集中して行うべきだと思って

います」

また、織山さんは、会社の経営者として肝に銘じていることがある。それは「常に最悪の状況を想定しておく」ことだ。

「非常事態が発生してからでは、パニックになって正常な判断ができないもの。日頃から、そうしたときに備えて『最低ライン』を考えておけば、それを上回る準備もできますし、過剰に不安になることなく仕事を進められます」

織山流

仕事の段取り

- 最低限キープする仕事の質のボーダーラインを決める
- 「ゴール」と「アプローチ」で仕事を4つに振り分ける

仕事の量のPOINT

「ゴール」と「アプローチ」に振り分け作業時間を決める

まず「何をどこまでやればいいかがはっきりしている」タスク❶は、頭の働きが鈍る時間帯にまとめて取り組む。また、「ゴールは見えるが進め方が明確でない」タスク❷は、成功例を参照するなどでアプローチを綿密に調査してから着手する。そして、「進め方は明確だが、ゴールが見えない」タスク❸は、完成形をイメージしてから始める。さらに、「完成形も取り組み方もわからない」タスク❹は、最重要な仕事のため、情報の分析などに貴重な集中力を割けるように段取りをするのだ。

〈ゴールとアプローチの振り分け〉

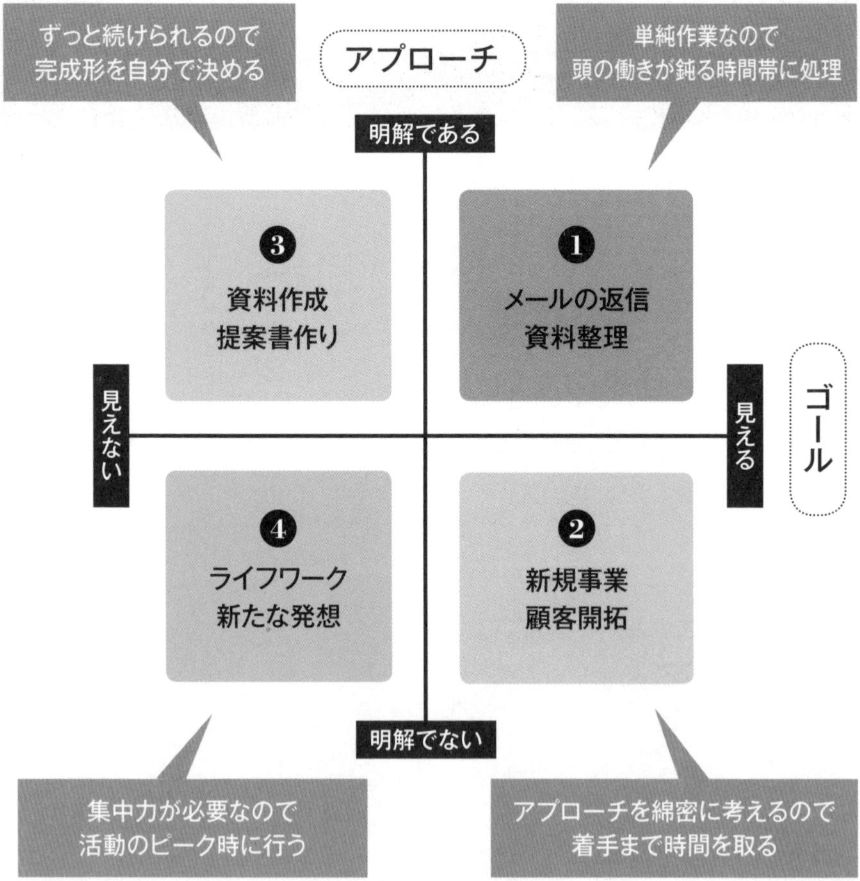

仕事の質のPOINT

最低限キープする仕事の質のボーダーラインを決める

仕事を進めていくうちに、当初の想定から大きく外れる場合がある。たとえ不測の事態が起きても、パニックになり仕事の質が著しく低下するのは避けたい。そこで、あらかじめ「ここまでは最低限やる」というボーダーラインを決め、それを下回らないようにしよう。「百点満点」はとれなくても「及第点」は確保するわけだ。非現実的な目標を掲げても実現できなければまったく意味がない。あくまでその時点で自分ができる最善策を実施すれば、結果的に仕事の質を保証できるというわけだ。

POINT 1 事前シミュレーションでボーダーラインの見通しを立てる

最悪の事態をあらかじめ想定すれば、事前にそれを回避するための対策が立てられる。後回しにしがちな人にも有効。

POINT 2 「最悪よりマシ」のレベルへもっていく

例

大量の分析があるのに「明日のプレゼンに間に合わない!」

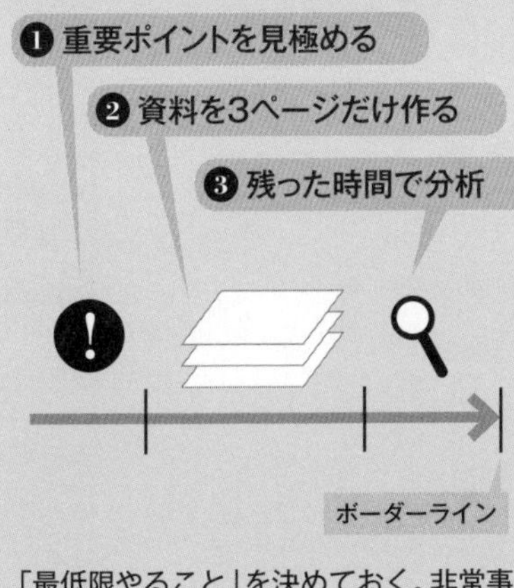

「最低限やること」を決めておく。非常事態になってもそれに全力を注げば、信頼を失わない質が保てる。

段取りを変える

5

仮説思考

一流コンサルの仮説思考で仕事をスピードアップ

コンサルティングファームの「仮説思考」を使えば、仕事のスピードが格段に上がる。「方眼ノート」で有名な高橋政史さんに、ビジネスで活用できるポイントを聞いた。

教えてくれた人

「方眼ノート」を提唱するビジネス作家

高橋政史さん

Masafumi Takahashi

PROFILE

クリエイティブマネジメント株式会社代表取締役。メーカー勤務後、戦略系コンサルティングファームにて経営コンサルタントに。独立後、のべ3万人超に「ノート指導」を実施。200社を超える企業が導入。千代田区の公立中学でも導入される。また、現在は日本初となるノート指導トレーナー養成講座を実施。著書も多数。

「仮説思考」の流れに乗れば仕事の時間を短縮できる

戦略系コンサルティングファームで働いていた高橋さんは、丸2日間、クライアント向けの提案書と格闘していた。時刻は深夜2時。締め切りまで、あと8時間。高橋さんが「限界です」と当時の上司に泣きつくと、その上司は紙を1枚取り出し、約15分で論点を整理してくれたという。その後、1枚のその紙をもとに作成すると、1時間もかからずに提案書を仕上げることができたそうだ。

上司が論点を紙1枚にまとめたそのプロセスこそが、まさに「仮説思考」と呼ばれる方法だ。

「問題に対して仮説（仮の結論）をつくり、それを前提に素材を振り分け、重要な素材を見極め、捨てる素材を決めます。この思考の流れに乗れば、最短ルートで仕事の成果をあげることができます」と高橋さん。

クライアントに送る提案書を映画の「本編」にたとえるなら、上司が書いた1枚の紙は「予告編」に当たるもの。「予告編」があれば、全体のストーリーが見えるため、肉付けするだけで提案書ができてしまうというわけだ。

『仮説を立てる』とは『見通しを立てる』ということ。仮説さえ立てられれば、問題や課題の出口が見

そもそも「仮説思考」とは？

問題や課題に取り組むとき、仮説（仮の結論）を立て、それをベースに展開する思考法のこと。一般的に「仮説 → 検証 → 修正 → 結論」の流れで行う。全体を網羅的に考えるよりも、分析・調査にかける時間を減らせるため、結果的に仕事を効率化できる。ただし、よい仮説が立てられなければ、空回りする恐れもある。

仮説 → 検証 → 修正 → 結論

えてきます」

「〜かな?」を口グセに仮説思考のセンスを磨く

では、この仮説を立てる力を養うために、何をすればよいのだろうか。

「仮説思考の場合、ロジカル・シンキングのように順を追って学ぶことは難しいと思います。よい仮説を立てるためには、長年の経験や勘が前提となるため、『仮説思考にはセンスが必要だ』と言い切る人もいます」

しかし、「センスだから自分には無理」とあきらめてしまう必要はない。高橋さんによると「口グセ」がキーワードになるそうだ。

ある著名なクリエイティブ・ディレクターの口グセは「〜かな?」。店舗の視察に出かけると、その人は「なぜお客さんが入っていないのかな?」「店員の挨拶に元気がないからかな?」「なぜ元気がないのかな?」と客の目線で自問自答を繰り返し、10分で100個も仮説を引き出したという。

「発想力が豊かな人は目の動きが違います。すばやく観察して、共感（違和感）のポイントを見つけ、仮説を立て、それを映像化する。

「〜かな?」を繰り返す感覚を身につけよう。

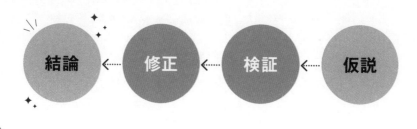

Q 「仮説」を選ぶ基準がわからない

A マトリクスを作成し実現可能な仮説を選ぶ

会議やミーティングで仮説（アイデア）がたくさん出たら、下図のようなマトリクスに当てはめて取捨選択しよう。よさそうに思える仮説でも、すぐに実行できなければ意味がない。一方で、実行したとしても、インパクトが期待できなければ採用されない。「すぐに行える」「インパクトがある」の2つを同時に満たす仮説を見つけよう。

〈マトリクスで評価して仮説を絞る〉

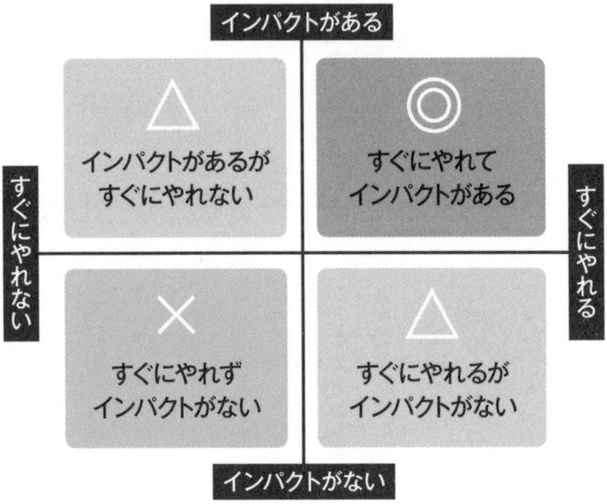

プラスアルファの +α Advice

事前のひと手間でムダゼロ

資料作成前に5分取材する

「仮説思考」の過程において、相手（依頼主、顧客、消費者など）が求めることを的確につかむことは重要だ。事前に情報を集めておけば、仮説が的をはずす可能性が低くなる。たとえば、上司に資料の作成を頼まれたときは、目的、用途、期限を事前に取材しておくこと。上司が忙しそうにしていても、５分間だけ時間をもらい、取材しておけば、上司の求める資料がどんなものかを予測できる。資料作成の時間を短縮できると同時に、上司も求めていた資料をすぐ入手できるので、まさに一石二鳥だ。

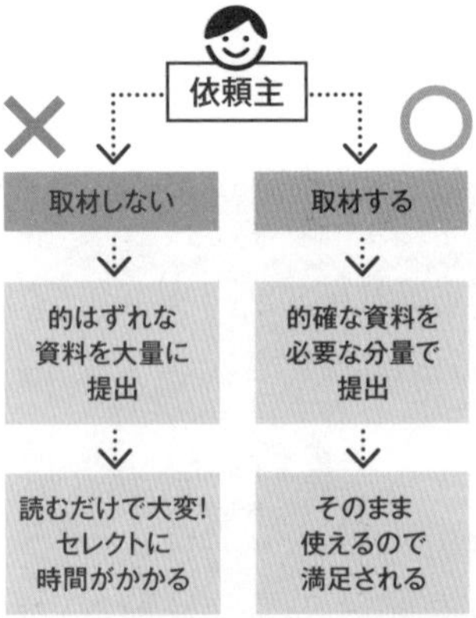

こんなときはどうする?

Q 「仮説」を行動に落とし込めない

A 方眼ノートに書き出して段階的に整理する

P.52で導き出した「すぐにやれてインパクトのある仮説」でも、実際に行動できる段階まで研ぎ澄まされていることは少ない。そのまま放置せず、方眼ノート（またはホワイトボード）に、まず「論点」または「結論」を記入し、次に「事実」を箇条書きにして整理してみよう。その後、「解釈」の欄に本質的なポイントを書き込み、最後に「行動」を導く。

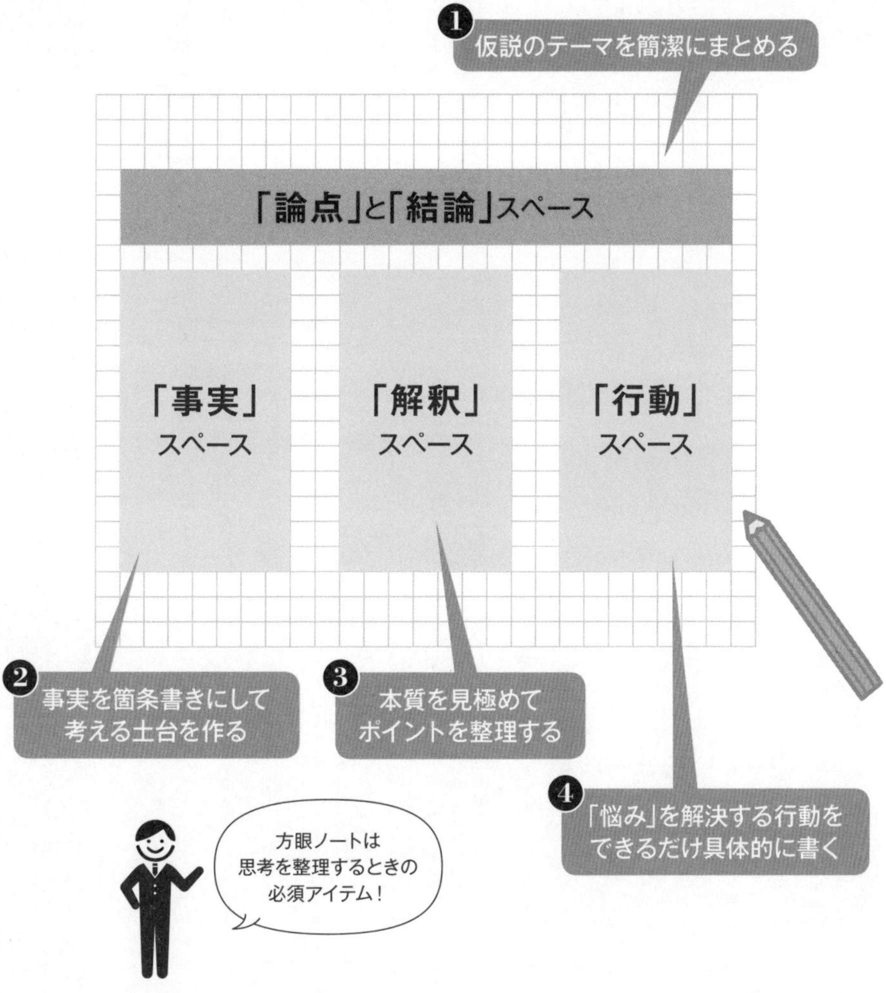

❶ 仮説のテーマを簡潔にまとめる
「論点」と「結論」スペース
「事実」スペース
「解釈」スペース
「行動」スペース
❷ 事実を箇条書きにして考える土台を作る
❸ 本質を見極めてポイントを整理する
❹ 「悩み」を解決する行動をできるだけ具体的に書く
方眼ノートは思考を整理するときの必須アイテム！

情報収集

プロジェクトの目的を意識して効率よく情報収集するコツ

ビジネスパーソンが日常的に行う情報収集を効率よく行うためには、コツをつかむ必要がある。メッセージの「仮説」を立てて情報を集め、アウトプットの質を高める方法を濱田隆さんに聞いた。

教えてくれた人
ガートナー ジャパン
アソシエイト・ディレクター
濱田 隆さん
Takashi Hamada

PROFILE
大学卒業後、大手コンサルティングファームを経て、ガートナー ジャパン株式会社に入社。先端技術研究チームに所属し、主に通信ハイテク、IT サービス業界のクライアントに対して、事業戦略の立案、市場分析、海外事業展開の検討などのコンサルティング支援を行う。ガートナーのリサーチ資料を活用した情報収集はクライアントから高い評価を得ている。

情報収集の目的はメッセージの根拠づけを見つけること

濱田さんは、仕事で情報収集を行うとき「何もわからないから、まずは調べてみよう」と、いきなり調べ始めるのはNGだという。

「作業を始める前に『何のために調べるのか』をはっきりさせることが大切です。よくあるのは『自分はこれだけ調べてきました』という報告で終わってしまうこと。情報収集の目的は『自分が伝えたいメッセージの根拠づけ』です。何も考えずに集めた情報には何の意味もないのです」

だが、膨大な情報があふれているなかで収集作業をする場合は、いくら時間があっても足りない。スピードを加速させる必要がある。

「作業を効率よく進めるために、やみくもに情報を探るのではなく『自分が伝えたいメッセージ』の仮説作りに時間をかけるようにしましょう。あらかじめ仮説を練り込み、作業の計画を立てておけば、立証するためにどんな情報が必要かが明確になります」

仮説を立てれば、収集する情報の範囲が限定される。仮説を検証する段階で、もし集めた情報がムダになっても、無計画に集めるよりは圧倒的に効率がよい。仮説の設定→情報収集→仮説の検証というサイクルを繰り返す間に、仮

説がシェイプアップされるというメリットもあるという。

また、収集作業をしていると、興味のある話題や、関連する情報が大量に見つかり、いつの間にか時間が経過してしまうという失敗もありがちだ。

「情報収集は時間を区切って行いましょう。30分または60分ごとに『仮説』を確認しながら作業を進めることが大切です」

情報収集において大切なのは、メッセージの根拠を示せるかどうかという点。量よりも質が求められると考えよう。相手に伝えたいメッセージ（仮説）に沿って作業を行えば、「情報の海」で溺れることなく効率よく情報収集ができる。

濱田流

情報収集のポイント

- 調べ始める前に伝えたいメッセージの仮説を作る
- 30分、または60分ごとに仮説を確認しながら情報収集する

こんなときはどうする?

Q 情報量が膨大で報告書がまとまらないときは?

A 仮説を練り込み、必要な情報を見極めてから収集する

情報収集を始める前に「相手にどんなメッセージを伝えたいか」という仮説を立て、細部まで練り込もう。仮説があれば、どんな情報を集めればいいかが明確になるので、効率よく作業が進められる。収集作業をしながら仮説の内容を検証していき、その過程で仮説が成り立たないことがわかったら、仮説を少しずつ修正していく。このサイクルを繰り返せば、根拠のある内容になるので、相手に伝わる報告書を作れる。

〈一般的な情報収集〉

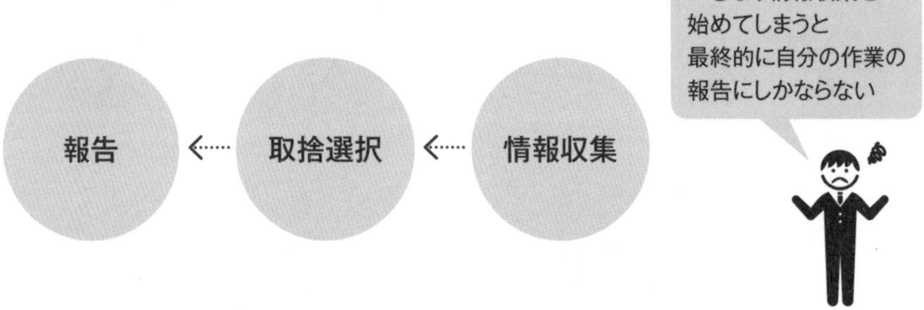
いきなり情報収集を

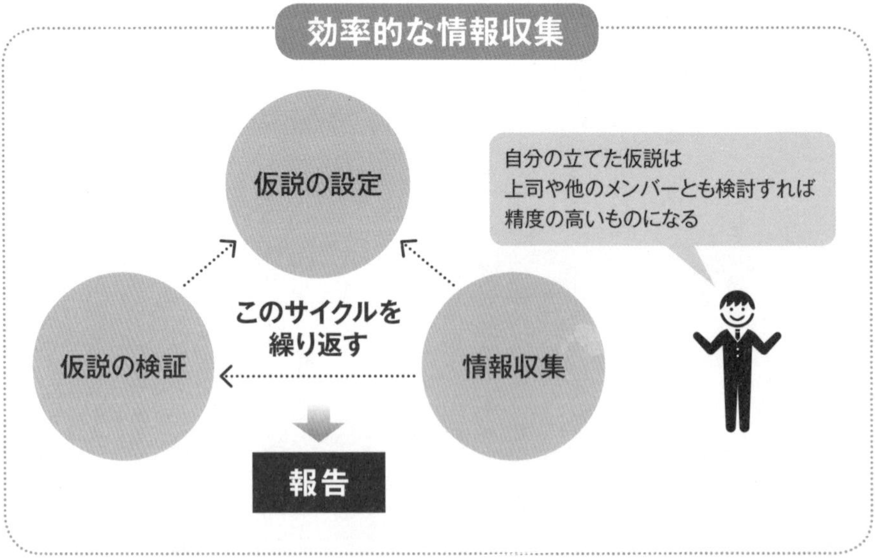

こんなときはどうする?

Q 情報を集めるのに時間がかかってしまうときは?

A 情報収集の時間を区切り、その都度プロジェクトの目的を確認する

情報収集を続けていると、いつの間にか時間が経ってしまうことがある。そこで「情報収集は１時間」などと、制限時間を設定しよう。また、興味深い最新のトピックを追いかけたりしているうちに「何を調べているのか」がわからなくなることもある。これを防ぐために、30分または60分をメドにいったん作業を中断し、プロジェクトの目的や自分の伝えたいメッセージの仮説を確認すれば、効率よく情報収集ができる。同時に、アウトプットの質を高める時間も確保できる。

10:00

情報収集

- 自分の興味のある情報に目移りする
- 関連情報が多すぎる

↓

集めるべき情報がわからなくなる

10:30

プロジェクトの目的を確認

30分または**60**分をメドに確認する

11:00

情報収集

必要な情報を見極めながら
収集作業ができる

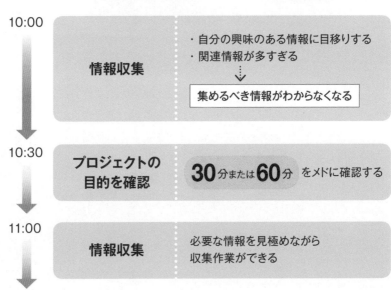

1 箇条書き

箇条書きのメッセージでアクションを起こさせる技術

仕事の現場ではメッセージを文書にして伝えるが、その書き方に実力が表れるという。メッセージが魅力的に伝わる「箇条書き」の技術をコンサルタントの杉野幹人さんに聞いた。

教えてくれた人

コンサルタント・大学教授
杉野幹人さん
Mikito Sugino

PROFILE
A.T.カーニー マネージャー、東京農工大学工学部特任教授。大学卒業後、NTTドコモに就職。シリコンバレーで仕事をともにした500人以上の起業家のプレゼンや提案資料から、箇条書き（Bullet points）のパワーとその技術を学ぶ。A.T.カーニーでは、経営戦略、新規事業など、幅広くコンサルティングを手がける。

「箇条書き」が上手くできれば仕事の成功につながる

杉野さんは、グローバルビジネスの第一線で活躍するビジネスパーソンと一緒に仕事をするなかで、彼らに共通する特徴があることに気づいたという。

「言いたいことを伝えるのが巧みで、とくに箇条書きが抜群に上手いということです」

日本でプレゼンといえば、カラフルな図やグラフで説明するものというイメージがある。しかし、杉野さんは、プレゼンはもちろん、人を動かすのに最も必要なのは「言葉」であり、言葉を短く切りながら、魅力的にまとめた「箇条書き」こそがビジネスの成否を握るカギになるという。

「現代社会は情報過多ですから、たくさんの情報を伝える必要性がなくなっています。むしろ、『短く、魅力的にまとめた情報』が求められている。つまり、情報をあらかじめ選別し、質を保ちながら適切な分量で届けることに対する価値が高まっているのです」

杉野さんによると、日本のビジネスシーンでは、効果的な箇条書きが効果的に使われるケースがまだまだ少ない。そんな状況だからこそ、自在に「箇条書き」を使いこなせれば、評価につながる可能性が高いというわけだ。

ここが重要！ 箇条書きを作るときに相手をイメージする

箇条書きをするうえで最も重要なのは伝える相手を具体的にイメージすること。箇条書きは、相手に読んで（聞いて）もらい、実際に行動を起こしてもらうことが目的だ。相手が何を知りたいと思っているのか。このメッセージを伝えたら、相手はどんな表情をし、どんな言葉を返してくるか。そういうところまで細かくイメージしながら書くことが大切だ。もし、このとき、相手からの反論が予想できる場合は、再反論ができるよう、しっかり考えをまとめ、必要な資料をそろえておくようにしたい。

箇条書きのコツ 1 「隠れ重言（じゅうげん）」を排除する

杉野さんによると、多くの人が、伝えたいことをただ羅列するだけに留まっているという。箇条書きは、短く魅力的なメッセージを伝え、最終的に人を動かすとこが目的。まず、「重言（じゅうげん）」を排除しよう。「重言」とは、「顔を洗顔する」「頭痛が痛い」のように意味が重複している表現のこと。さらに、「隠れ重言」とは、文の中では重複していなくても、文脈を踏まえると、わざわざ伝える意義がないものを指す。多くの人がこの「隠れ重言」に気づかず箇条書きをしがちなので、注意しよう。

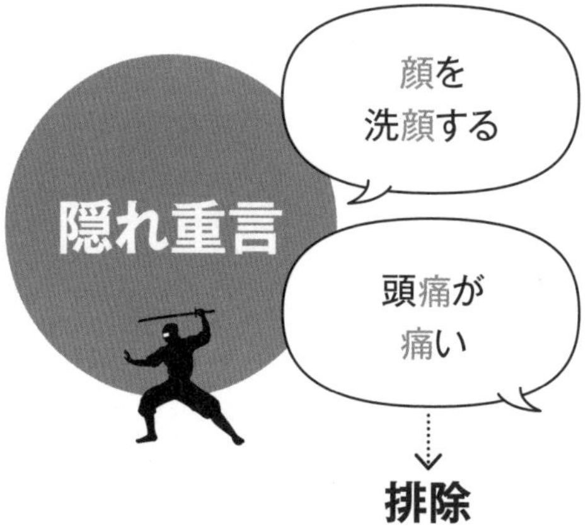

CLUMUN

否定文を使えば「自分のスタンス」が明確になる

否定文を使うことで、自分のスタンスをはっきり示す方法もある。たとえば、「生産性を上げる」と書くと、当たり前のことなので「隠れ重言」になる。ところが、「長時間労働をせずに」と否定すれば、相手にメッセージが伝わる。「長時間労働をして、生産性を上げる」という選択肢をあえて否定することで、伝える意義が生まれるというわけだ。

例

× 生産性を上げる

↓

○ 長時間労働をせずに生産性を上げる

例

間違ったことを言っていないのに伝わらないときは？

（メッセージから「隠れ重言」を排除して伝え直す）

正論を述べているはずなのに相手の反応が悪い場合は「隠れ重言」になっている可能性がある。「隠れ重言」を排除するには、自分のメッセージが「反論が可能かどうか」「議論の余地があるか」をチェックすればいい。反論や議論を導くメッセージこそが、人を具体的なアクションへと導くからだ。

〈「隠れ重言」の特徴と見分け方〉

「隠れ重言」ではない例 Good!

- お年寄り向けの商品を開発する ➡ 対象を絞ることに議論の余地がある
- ブランドで差別化する ➡ 他の差別化手段に検討の余地がある
- 効率を追求せずに質を高める ➡ 質を高めることの意図が伝わる

↓

反論や検討の余地がある

「隠れ重言」の例 Bad!

- ユーザーに役立つ商品を開発 ➡ 役に立たない商品は意味がない
- 差別化された商品を作る ➡ 市場競争があるなか、企業として当然
- 効率的に業務を実行する ➡ 非効率な仕事をするわけがない

↓

だれも反論・批判できない

箇条書きのコツ

2 MECEを削って「相対的MECE」にする

杉野さんは、箇条書きのコツとして、「相対的MECE(ミーシー)」をあげている。MECEとは、「漏れなくダブりなく」の意味で、ロジカルシンキングなどによく使われる手法だ。メッセージを伝えるときも、MECEの考え方は有効だが、「漏れなく」の部分にこだわりすぎると、重要ではない部分も並列に扱われることが多いため、議論の焦点がぼやけてしまう。MECEから重要な部分だけをピックアップして使う「相対的MECE」をベースにしたほうが、大切なメッセージが伝わりやすくなる。

例

情報を漏れなく伝えているのに評価されないなら?

「相対的MECE」で重要なことだけを伝える

漏れなくダブりなく情報をあげる「MECE」は、あくまで分析の手段。相手に伝える際には、情報を取捨選択することが重要だ。そのためには「どうすれば、相手は自分の話を最後まで聞いてくれるか」と、相手の立場に立って必要な情報を見極め、不要なものはあえて伝えないようにしよう。

〈「相対的MECE」でメッセージを改善する〉

元のメッセージ

4つの改善策をとる

❶ 大口の顧客は、価格交渉をして販売単価を上げる
❷ 中堅の顧客は、関連商品を提案して販売数を伸ばす
❸ 小口の顧客は、いままでどおり販売を推進する
❹ 超小口の顧客にも、いままでどおり販売を推進する

❸と❹は重要ではないので伝える必要がない

改善したメッセージ

2つの改善策をとる

❶ 大口の顧客は、価格交渉をして販売単価を上げる
❷ 中堅の顧客は、関連商品を提案して販売数を伸ばす

プラスアルファの +α Advice

自分のメッセージをより伝わりやすくする仕掛け

相手に「聞きたい」「読みたい」と興味を持ってもらえなければ、意味がない。そこで、相手が思わずドキッとする仕掛けを意図的にメッセージに埋め込もう。相手が箇条書きを「自分に関係のあるもの」として認識してくれれば、真剣に資料を読み込んでくれるようになる。ここでは実践しやすい仕掛けを３つ紹介しよう。

仕掛け 1 固有名詞でイメージしやすく

一般名詞はなるべく固有名詞に変えよう。たとえば、下のように個人名を書くことで、相手は具体的にイメージしやすくなる。

先輩社員に協力してもらい資料を作成する

▼

山田さんに**協力してもらい資料を作成する**

仕掛け 2 聞き手を主人公にする

最も引き込まれるメッセージとは、自分が登場するものだ。たとえば、下のように言い換えたら当事者はドキッとするだろう。

各部署のコスト削減が必要である

▼

営業部、開発部**のコスト削減が必要である**

仕掛け 3 数字でイメージを鮮明に

大きさや数は、相手の解釈によって差が出ないように具体的な数字に変える。よりイメージが鮮明になり相手に伝わりやすい。

数多くの新製品を作る

▼

3年間で5つ以上**の新製品を作る**

2 心をつかむプレゼン

コミュニケーションで下地を作れば「心をつかむプレゼン」になる

苦労して仕上げた提案書やプレゼンが、なかなか相手に受け入れてもらえない。そんな悩みを解決するため、藤川琢哉さんに相手に響くプレゼンの極意を教えてもらった。

教えてくれた人

PwCコンサルティング シニアマネージャー

藤川琢哉さん

Fujikawa Takuya

PROFILE

一貫してテクノロジーコンサルティングを手がけ、現在はシニアマネージャーを務める。専門領域は、データアナリティクス、サイバーセキュリティ、ITデューデリジェンスなど多岐にわたる。社内では随一のプレゼンの達人として知られ、新人にもプレゼンの研修を行っている。将来、日本発のビジネスモデルを構築することを目指している。

プレゼンを成功させるカギは綿密な情報収集にある

「専門知識や経験を生かして、正しい提案をすることは、もちろん大切です。でも、正しい提案が、必ずしも受け入れられるとは限りません」

藤川さんは、組織の理念やプロジェクトの目的など、さまざまな事情を考慮して、相手が行動を起こしやすい提案が必要だという。

「担当者とコミュニケーションをとり、先方が知りたい情報を探ることが大切です」

前後の雑談、食事会などの非公式な場における情報収集も大切だ。

「プレゼンが終わったあと、相手がどう動くのかを具体的にイメージして提案を作ります。そのために、公式・非公式の情報が必要。予算状況やミッション、担当者の性格やキャリアプランなどの情報は、オフィシャルの場では出てこないものです」

相手のニーズがわかれば、提案の方向性が明確になり、プレゼンの資料作りも効率的に行える。

「いちばん大切なのは、相手に満足して提案を受け入れてもらうこと。担当者がそのプランを実行しやすいプレゼンをすることです」

以降は、収集した情報をどのように生かせばいいのかを具体的に解説していく。

ここが重要！ 相手がアクションを起こしやすい提案をする

プレゼンを自分が考えてきたことを発表する場にしてしまう人が意外に多い。しかし、プレゼンで大切なのは「相手にどのようなアクションをしてもらいたいか」を示すこと。たとえば、相手に判断をしてもらいたいなら、受け手が気になるであろう最低限の判断材料を資料に盛り込むようにする。そうすれば、資料に載せる情報がわかりやすく整理され、判断がしやすくなるというわけだ。大切な情報は、担当者とのちょっとした雑談からでも得ることができることを覚えておこう。

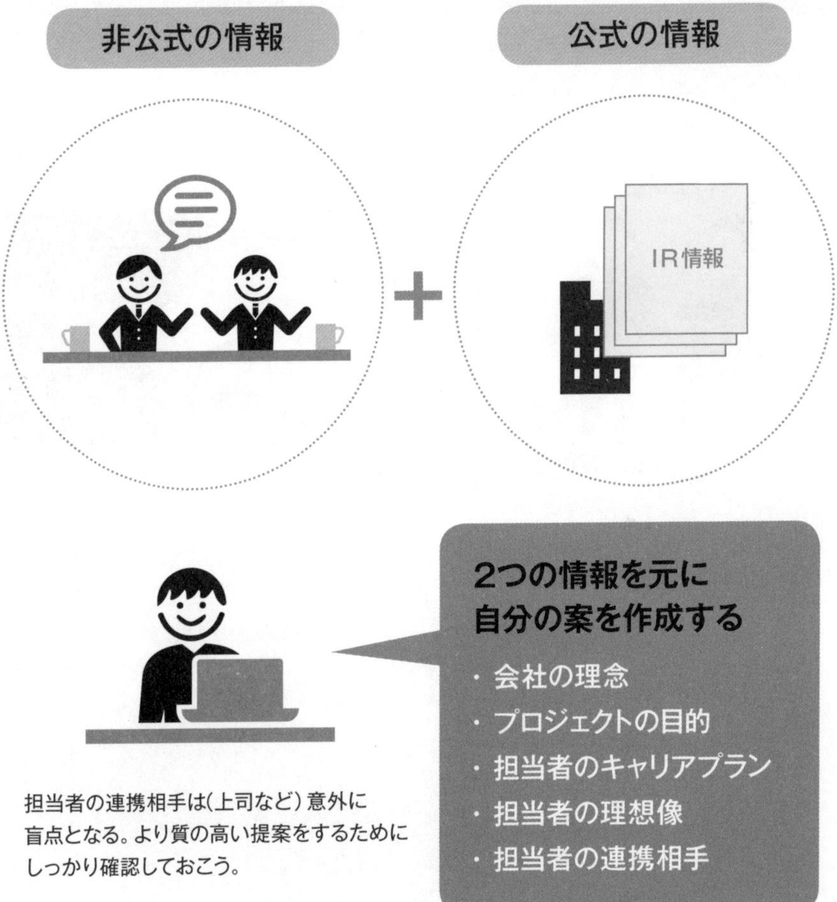

プレゼンの極意

1 事前にディスカッションをして提案に反映する

自分のプレゼンの方向性が見えてきたら、ラフ案をもとに、担当者とディスカッションをする場を設ける。そこでは、意見を聞くことが目的なので、なるべく相手に話をしてもらうようにしたい。話をしていくうちに、相手の考えが整理され、有効な示唆をもらえる場合が多いので、提案の方針がより明確になる。また、思い違いが起こらないように、キーワードをはっきりと確認しておくことも大切だ。

プランに対する意見を聞く

この点について
どのように
お考えですか
自分
担当者2
担当者1

ラフ案を持って担当者に会い、意見を聞く。ディスカッションをするときは、できるだけ相手に話してもらうように心がけよう。ラフ案の「ダメな部分」をできるだけ具体的に指摘してもらおう。

相手の意見を反映させる

相手のキーワードを
資料に反映させる

担当者の意見を取り入れ、ラフ案を練り直す。プレゼン資料を作成するとき、相手が使っていたキーワードを積極的に取り入れれば、共通認識が生まれ、受け入れてもらいやすくなる。

プレゼンの極意 2 3つのプランを用意して、受け入れやすい案を選んでもらう

プレゼンの場で、理想的な提案をすることは、必ずしも得策ではない。提案としては正しくても、それが受け入れられるとはかぎらないからだ。相手の立ち位置、コスト、スケジュール、目的などを鑑みて、受け入れやすい案も同時に提案するのがプロの仕事。

プレゼンの場には、理想的な案と、相手の事情を考慮した受け入れやすい案、現状維持案の3つを用意して、検討してもらうようにしたい。こちらが一方的に提案するのではなく、相手に納得して決めてもらうことが大切なのだ。

「竹」の事情を考慮した案は複数用意したほうがよい。選択肢がたくさんあったほうが相手に納得してもらえる。

プレゼンの極意

3 担当者が上司にプレゼンするための資料を作成する

直接の担当者にプレゼンしても、採否を最終的に決めるのは、その上役であることが多い。つまり、自分のプレゼンを担当者が上司を前に改めてプレゼンし直すことが多いわけだ。そんなときは、プレゼンの資料を、担当者ではなく、その上司に向けた内容にしておくこと。上司が資料を見てどう考えるかをイメージして資料を作成するのだ。担当者が資料を作り直す手間が省けるうえ、提案が通る可能性も高くなる。

決定権のない担当者にプレゼンするとき

POINT

「本番ではこの部分は削除」などのコメントをつけるのがコツ。担当者の満足度も上がる。

担当者が上司にプレゼンするとき

POINT

担当者がプレゼンする場に同席するメンバーを把握。何が論点になりそうかも聞いておく。

プラスアルファの +α Advice

自分の提案は必ず声に出して読んでみよう

プレゼンのリハーサルとして、話しながら練習をするのは多くの人が行っている。しかし、実は案を練っている段階で、アイデアやロジックを声に出して確認することは、プレゼンのクォリティを上げるのに大いに役立つ。内容を耳から聞いて違和感を覚えたら、そこが相手には伝わらない部分だ。最初に自身の思い込みを排除できる。時間が許せば、上司や同僚など他の人に聞いてもらうのもオススメだ。

効果 1

提案の論理性をチェックできる

効果 2

聞き手がどう思うかがわかる

注意！

録音はしない

案を作る段階で録音し、その声を聞くのはNG。台本を読むような堅苦しいプレゼンになってしまう。

3 論理的思考

空・雨・傘の論理的思考で伝える力をスキルアップ

プロのコンサルタントには論理的に伝える力がある。要素を3つに分けて、論理的に結論を導く「空・雨・傘」のフレームワークの使い方を、マーケティングコーチの横田伊佐男さんに聞いた。

教えてくれた人

マーケティングコーチ
横田伊佐男さん
Isao Yokota

PROFILE
シティグループ、ベネッセグループのコンサルティング部門の責任者を経て、2008年にCRMダイレクト株式会社を設立。マーケティング実務とコンサルティング経験、独自のノウハウを教育プログラムとして体系化し、現在は、年間3000人を超えるビジネスパーソン向けに、実戦的マーケティングプログラムを提供している。

仕事のできる人はものごとを3つに分けて考えている

「優秀なコンサルタントは、たとえばプレゼンをするときに『これには問題が3つあります』とか『今から3つのポイントをお話しします』などと前置きしてから話し始めます。これは、3つに分けることによって、相手にわかりやすく説明できるからです。『3』という数字はマジカルナンバー（魔法の数字）とも呼ばれています」

横田さんは、ビジネスパーソンの研修で、思考に行き詰まった人がいたら「要素を3つに分けよ」と教えるそうだ。ところが、「3つに分けよ」と言われても、実行するのはなかなか難しい。

横田さんは、この3つに分ける思考法を身につけるのに最適なツールがあるという。

「マッキンゼーのコンサルタントも使っているという〈空・雨・傘〉と呼ばれるフレームワークがそれです」

〈空・雨・傘〉は、「その日の天気を見て、空が黒いから、雨が降りそうだ、傘を持っていこう」という一連の思考の流れのこと。このフレームワークを使えば、「事実を把握する」「事実を解釈する」「解釈をもとに行動を起こす」という思考法を、だれもが実践できるようになるという。

ここが重要!

〈空・雨・傘〉の基本をおさえる

〈空・雨・傘〉は、マッキンゼーのコンサルタントが新人時代に叩き込まれるフレームワーク。〈空・雨・傘〉にはコンサルタントの核心部分が含まれているという。この〈空・雨・傘〉は3つの要素で構成されている。

- 空:「あ、黒い雲が広がってきた」
  (=事実を把握する)
- 雨:「雨が降りそうだな」
  (=事実を見て解釈する)
- 傘:「傘を持っていこう」
  (=解釈にもとづいて行動する)

コンサルタントは、クライアントから依頼を受けると、事実を調査し、事実が意味するものを解釈する。その解釈にもとづき、アクションをクライアントに提案するわけだ。事実、解釈、行動は、論理的に整合性がなければならない。矛盾が見つかれば、3つのうちのいずれかに誤りがあることになる。また、これら3つを論理的に伝えれば、提案を受け入れてもらいやすくなる。

空 事実

現状がどうなっているかを把握する

空模様を自分の目で確かめるように、事実を正確に知る。事実の認識を誤れば、そこから導く行動も誤ることになるため、正確なデータを集めることが重要となる。

例
競合他社が新規出店する前は
昨年の2倍の
注文数だった

↓

雨 解釈

現状が何を意味するのか考える

集めた事実に対して、何が言えるのかを解釈する。ひとつの事実に対して、あらゆる解釈が可能なため、最も理にかなうものを選び取る力が必要になる。

例
新規出店する来月以降は
注文数が
激減するだろう

↓

傘 行動

意味するものから手段を導く

選び取った解釈によって、具体的にどう行動するかを考える。ひとつの解釈から複数の行動を導けるので、目的を達成するのに最も効果的なものを選ぶ。

例
来月以降、注文数が
激減するのを食い止めるために
大々的なキャンペーンを実施

CACE 1 〈空・雨・傘〉で思考を整理する

〈空・雨・傘〉は、複雑に入り組んだ問題を細分化し、整理するフレームワーク。問題を適切な大きさに切り分けて「見える化」することで、入り組んだ問題をわかりやすく整理できるようになる。同時に、物事を論理的に考えられるようになる。

スイスの高級時計「フランク・ミュラー」が、日本のパロディ時計「フランク三浦」の商標取り消しを訴え、その主張が認められた。理由は「デザインが極めて似ており混同されやすい」というもの。その後、反対にフランク三浦が商標取り消しの無効を求め訴訟を起こした。裁判所は「両者は価格も違い、混同されることはない」として、フランク三浦の訴えを認める判断を下した。

文章では
問題点が
わかりにくい

		フランク・ミュラーの主張	フランク三浦の主張
空	事実	スイス製 価格数百万円 の高級時計	日本製 価格5000円 のパロディ時計
雨	解釈	デザインが 酷似している	イメージや 価格が大きく違い 混同されない
傘	行動	混同されやすい フランク三浦の 商標を無効化する	フランク三浦の 商標の無効化を 取り消す

〈空・雨・傘〉で問題点をはっきりさせる

CACE 2 〈雨〉を加えて会議の発言を磨く

会議で感情的になると、「事実は○○○でした（空）、だからこうするべきなのです（傘）」という話し方になりがちだ。しかし、「事実は、こういう意味だと思う（雨）」という部分が抜けていると、説得力がなくなる。このミスを回避するために、議論の内容をこの〈空・雨・傘〉のフレームワークに落とし込んでみよう。言葉の空中戦になりがちな議論が「見える化」されることで、論理的な方向に軌道修正できるようになる。

議題 1

待機児童が増えたので（事実）　「准保育士」制度を作る（行動）

なぜそうなるのか？

空	事実	待機児童が7年連続で2万人を超えて増大している
雨	解釈	保育士の数が足りなくなるのではないか
傘	行動	保育士を補佐する「准保育士」制度を作り、 子育てを支援する人を増やす

議題 2

人工知能が発達するから（事実）　プログラミングに注力する（行動）

なぜそうなるのか？

空	事実	人口が減少するなか、ウェブ利用者が1000万人増加。 また、人工知能が囲碁のプロに勝利した
雨	解釈	コンピューターに指示を出せない人材は 淘汰されていくのではないか
傘	行動	コンピューターに指示を与える プログラミングに力を入れて勉強していく

CACE 3 〈空・雨・傘〉で考えをまとめて、説明する

自分の思考を整理するだけでなく、その内容をクライアントに説明する場合も、〈空・雨・傘〉に３分割して話すようにしてみよう。内容が理解しやすくなり説得力も増す。〈空・雨・傘〉で考えをまとめるときは、下から上に「なぜ？」と問いかけながら検証していこう。そのあと、相手に説明するときは、上から下へ「だから」でつなげながら話すようにする。この技術を磨けば、「伝える力」が格段にアップする。

「だから?」で根拠がわかりやすくなる

プレゼンでアイデアを伝える場合も、〈空・雨・傘〉の3ステップで構成すれば、相手に行動を起こさせることができる。〈事実〉を説明したら「だから」と言って〈解釈〉を話し、〈解釈〉のあと同じように「だから」で〈行動〉につなげよう。

「なぜ?」で解決策が見えてくる

企画書や提案書を作成するときは、〈空・雨・傘〉の3要素にあてはめながら組み立てる。そのあと、逆に〈行動〉→〈解釈〉→〈事実〉の順に「なぜ？」と問いながら検証していくと、論理に不備がないかをしっかりチェックできる。

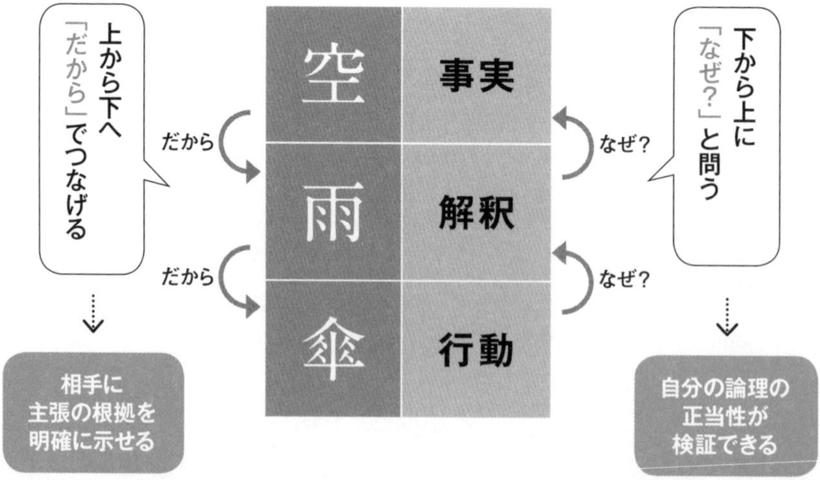

プラスアルファの +α Advice

〈空・雨・傘〉に潜む3つのワナに注意しよう

〈空・雨・傘〉は３つの要素で構成されたシンプルなフレームワークだが、使いこなすのは難しい。多くの人が次の３つのワナにはまってしまうからだ。ここで紹介する３つのワナを回避しよう。

ワナ 1 〈解釈〉が人によって異なる

同じ事実を見ていても、人によって解釈が異なることがある。どんよりとした空を見上げて「雨が降りそう」と思う人もいれば「天気はもちそう」と判断する人もいる。似たようなことはビジネスの現場でも起こりがちで、事実に対して共通の認識を持っておくことが重要だ。

同じ事実でも人によって解釈が異なる。その例としてよくあげられるのが右の「ルビンの壺」。ある人には「壺」に見え、別の人には「向かい合った２人の横顔」に見える。

人によって「顔」「壺」に見える

ワナ 2 〈事実〉と〈解釈〉を混同する

〈事実〉と〈解釈〉を混同するのも、ありがちなワナだ。空を見て「雨が降りそうな雲」を事実と認識してしまうことがある。そこには「雨が降りそう」という自分なりの解釈がまぎれ込んでしまっている。これもビジネスの現場で起こりがちだ。

〈事実〉と〈解釈〉の見分け方

事実	・客観的な証拠が存在する ・複数の専門家の証言がある ・数値などに具体性がある
解釈	・自分の主観的な意見 ・身のまわりの人だけが主張している ・数値などがあいまい

ワナ 3 〈解釈〉が人によって異なる

傘は手で触れるものだからわかりやすく、空ははるか頭上にあるので見えにくい。ビジネスの現場でも、どう行動するかを重視するあまり、じつは都合のよい事実ばかりを集めているケースがあるのだ。

誤った例

空	事実	会社を辞めようとしていた後輩がいたが、飲みに連れていき説得したら思い留まってくれた
雨	解釈	仕事への不満はお酒によるコミュニケーションで解消できるのではないか
傘	行動	定期的に飲み会を行う

偶然の出来事を〈事実〉としてしまっている

行動を「なぜ?」で追求し正当性を検証する

4 チームワーク

「メンバーの気持ちを考慮して チームワークを維持する極意」

大規模なプロジェクトでは、会社の枠組みを越えたチームが編成される。円滑な人間関係を保ちつつ目標を達成するコツを、商品開発に情熱を注ぐ中澤優子さんに聞いた。

教えてくれた人

商品企画のプロ
中澤優子さん
Yuko Nakazawa

PROFILE
1984年東京都生まれ。2007年大学卒業後、カシオ計算機株式会社入社。携帯電話・スマートフォンの商品企画・プロダクトマネジメントに従事。退職後は、カフェ経営などを経て2015年株式会社UPQを設立。(現、株式会社Cerevo)。SIMロックフリースマートフォンやチューナーレスの4Kディスプレイなど、実用的で遊び心のある製品を開発、販売している。

自分と専門が異なる人の領域を侵さない

入社1年目の冬、中澤さんは初めて携帯電話の企画を担当。そこで、所属や職種が異なる人たちとも仕事をすることに。チームが機能するよう仕事を進めるため、どんな点を注意していたのだろうか。

「私が商品企画者として気をつけていたのは、エンジニアの領域を決して侵さないことです」

とくに商品企画担当者が理系の場合、知識があるために、詳細の設計まで口を出すがその場合、エンジニア側は面白くないので、商品企画担当者との間に溝ができる。そのため、中澤さんは、詳細の設計に及ぶ意見は最小限に留めていたという。

「入社当時は、わからないことだらけなので、質問してばかりでした。でも、理系ではなくても、会話の文脈がわかればOKだと気づきました。ひとりで何でもできる必要はないんです」

実践のコツ 1 職能が違うメンバーの領域を侵さない

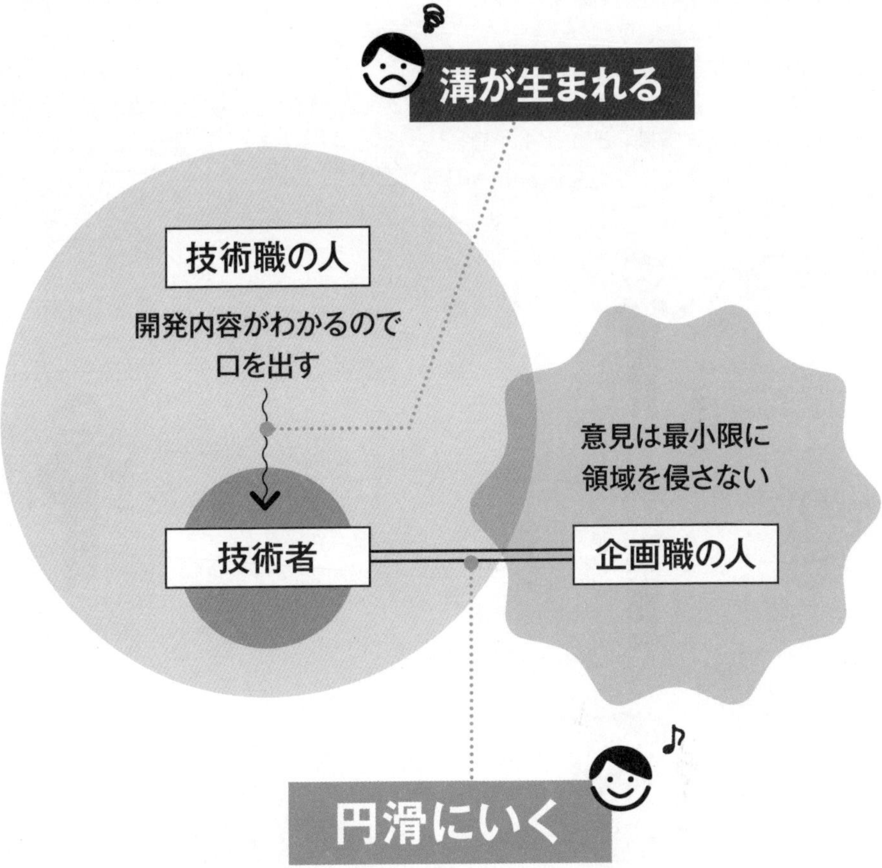

各メンバーの役割を理解し相手の領域を侵さない

上図のように、チームで仕事をするときは、たとえ相手の仕事内容が理解できても、権限を侵さないことが大切だ。メンバーそれぞれに得意分野があり、お互いの役割を尊重するからこそ、新しい解決策を生み出せ、チームに効果的な結果をもたらす。

実践のコツ 2 無理なお願いをするときは、価値を共有する

自ら立ち上げた家電メーカーで新製品を開発する中澤さんは、海外の工場に無理なお願いすることもあるという。 そんなとき、やみくもに依頼内容を伝えても、相手は驚き、「できない」と言われてしまう。そこで、そんなときは説明を丁寧に行い、目的を理解してもらうのだという。人を動かすには、「なぜこの時期にやってほしいのか」「なぜこの会社に頼むのか」「なぜあなたたちを選んだのか」などを伝えることが大切。目的を理解した相手なら、最後まで責任を持って仕事をしてくれる。

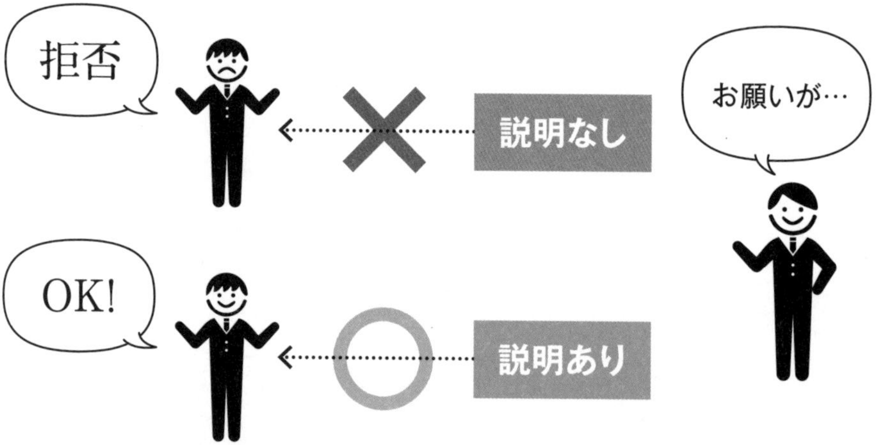

中澤さんの実例 1

メリットとデメリットを丁寧に説明すれば価値観を共有してもらえる

状況

バイクとヘッドホンを
異なる工場で同時に製造

依頼の内容

ヘッドホンを先行発売したいので、
100個のうち20個だけを前倒しで
仕上げてほしい

家電メーカーを起業した中澤さんは、当時ヘッドホンとバイクの製造を海外の違う工場に、ほぼ同じタイミングで委託。発売時の話題性を考えると、先にヘッドホンをリリースしておきたい。同時発売になると、どちらかが埋もれてしまうからだ。そこで、中澤さんは、メリットとデメリットを工場の担当者に丁寧に説明。ヘッドホンを10日間前倒しに発送してもらうことに成功した。

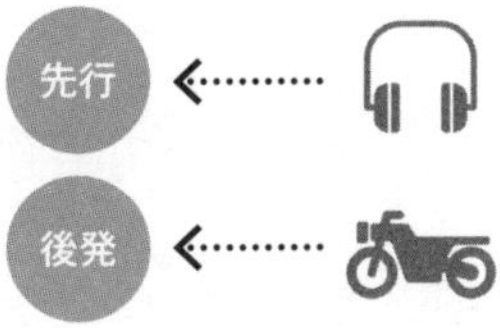
先行
後発

依頼の目的を説明

メリット ヘッドホンを単独で発売すると拡販が期待できる

デメリット 同時発売になると、ヘッドホンが注目されない

結果

担当者に納得してもらい、
先行してヘッドホン20個を
納品してもらった

結果を共有して
信頼関係が高まる

中澤さんの実例
2

目的を達成するために足を運んで「生の声」を集める

状況

新人の立場で商品アイデアを提案するチャンスが訪れる

↓

対策

高校生にアンケートをとり、「生の声」を集める

↓

結果

「生の声」で説得力が生まれ、プレゼンに成功

中澤さんは、商品を企画する際も、ユーザーの声や自分の感覚を大切にしている。学生時代は携帯電話の販売店でアルバイトをしているとき、「売れる携帯を作りたい」という気持ちが芽生えたという。メーカーに入社後、携帯の商品アイデアを提案する機会を得たとき、「新入社員の意見は取り入れてもらえない」と予測。街に出て高校生に話しかけ、「生の声」を集めた。プレゼン相手の上司は40代の男性であることをふまえ、最適なアプローチを心がけたという。

プラスアルファの +α Advice

案件のスピードアップのために 各担当者とつながりマイナス要素を解消

多数の人が関わるプロジェクトでは、会議で各々の意見を取りまとめるのに時間がかかる。そこで、各担当者と普段から細やかに連絡を取り合い、小さな問題も相談し、進捗を共有しておこう。たとえば、ある商品を作りたい場合、下図のようにあらかじめ関係者の意見を集めておく。会議では相談した結果の報告から始めればいいので、全体の結論を出すスピードが大幅にアップする。

各担当者とプロジェクトを円滑に進める

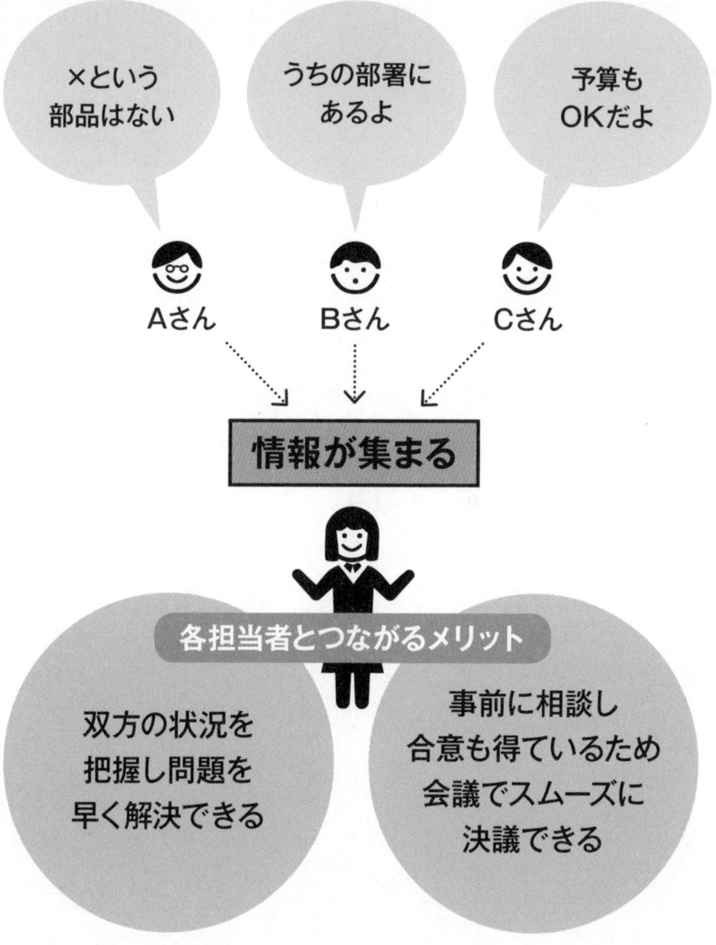
×という
部品はない
うちの部署に
あるよ
予算も
OKだよ
Aさん
Bさん
Cさん
情報が集まる
各担当者とつながるメリット
双方の状況を
把握し問題を
早く解決できる
事前に相談し
合意も得ているため
会議でスムーズに
決議できる

決断力と行動力

「決断力と行動力を身につけて ビッグチャンスをモノにする」

自分にチャンスが訪れたとき、行動しなかったために結果を出せなかったという経験はないだろうか。ちょっと頭を切り替えてチャンスをモノにする方法をメンタル・コーチの藤由達蔵さんに聞いた。

教えてくれた人

メンタル・コーチ
藤由達蔵さん
Tatsuzo Fujiyoshi

PROFILE
夢実現応援家（メンタル・コーチ）。「人には無限の可能性がある」をモットーに、作家やシンガーソングライターから、経営者、ビジネスパーソン、学生、親子などを対象に、対面コーチングや研修、ワークショップを提供。ユーモアを交えたわかりやすいスタイルが高評を得る。著書に『結局、「すぐやる人」がすべてを手に入れる（青春出版社）』などがある。

仕事はモチベーションより「気分」のほうが大切

「『仕事で結果を出したい』『この仕事はやりがいがある』などとモチベーションは高いのに、なぜか行動がともなわないことがよくあります。じつは人の決断力や行動力は、モチベーションではなく、『気分』によって決まるのです」と、藤由さんは断言する。

「売り上げを伸ばしたい」「昇給したい」といった高いモチベーションを持っていても、気分が落ち込んでいたら動けないという。逆に、いい気分を持続できれば、どんなに困難な壁があっても、乗り越えていけるようになるのだ。

では、どうすれば気持ちを切り替えられるのだろうか。

「『今日は天気が悪いから気分が悪い』のように、気分は外的な要因にのみ左右されると思いがちです。しかし実際には、気分を自分でコントロールすることは可能なのです」

「プラスの気分を自分で作る」「不安を消して行動プランを練る」など、自分で気分を変えれば、決断や行動に近づける。

ただし、気分を変えることは、決断したり行動したりするための前提にすぎないと藤由さん。

「飛び箱にたとえるなら、気分は踏み台のようなもの。どの飛び箱

を飛ぶのかは、あらかじめ決めておく必要があるのです」

決断して行動につなげるためには、「譲れない価値観」と「心躍る未来像」を持っておく必要がある。まず、この関係を理解しよう。具体的には、左図で示したような関係になる。このことを前提に、84ページから、具体的なアプローチを紹介していく。

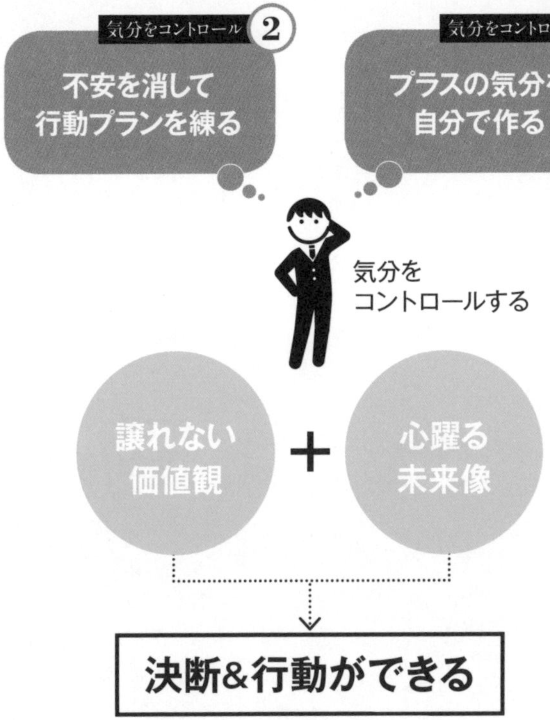

気分をコントロール

1 プラスの気分を自分で作る

人はリラックスして明るく快活なときは前向きになり、暗く落ち込んだときには、後ろ向きの思考になる。そういった気分は,外的な要因で決まると思いがちだが、じつは簡単にコントロールできる。「気分は自分で変えられる」と肝に銘じよう。それでも、決断できないときは、下の方法で気分を自ら変えてしまえばいい。

〈自分で気分をコントロールする4つの方法〉

方法1 感情の3要素を変える

わざと笑顔を作ると、
楽しくなくても
楽しい気分に
なってくる

ガッツポーズなど、
自分の気分が
高揚するポーズを
見つけよう

言葉を口にするだけで
気分は変わる！
やる気が出る言葉を
選んでみよう

方法2 過去を思い出す

過去の楽しい
エピソードを
思い出すだけで
気分がよくなる

方法3 未来を想像する

楽しい未来を
想像するだけで
気分は変わる

方法4 環境を変える

その場を離れて
散歩に出かけると、
気分を変えられる

気分をコントロール 2 不安を消して行動プランを練る

何か行動を起こそうとするとき、不安な気持ちがわくのは人間として当然。重要なのは、不安をいかにコントロールするかだ。下図のように不安に思うことを付せんに書き出せば、感情を客観的に見られるようになり、やるべきことも冷静に整理できる。

〈付せんで不安を行動に変える方法〉

STEP ① 付せんを3色、A3の紙を3枚用意する。

STEP ②
「不安に思うこと」を
付せんに書き出し、
A に貼る

STEP ③
「どうなったらよいか」を
別の色の付せんに書き出し、
B に貼る

STEP ④
A を B の状態にするために
「やるべきこと」をさらに
別の色の付せんに書き出し、
C に貼る

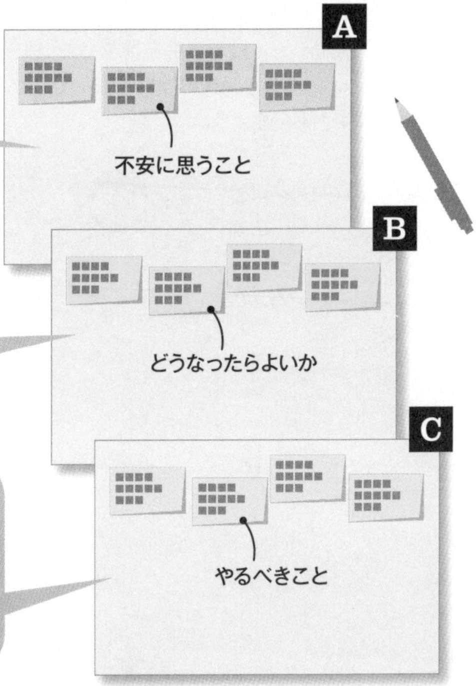

↓

C を見ながら具体的な行動プランを練る

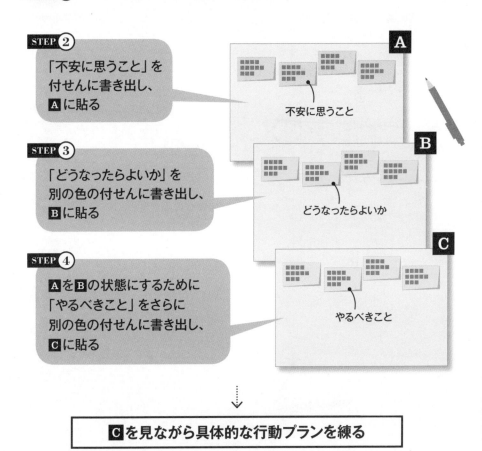

決断&行動のために必要なもの

「譲れない価値観」と「心躍る未来像」を持つ

気分をコントロールしたうえで、決断や行動に結びつけよう。
そのために、確固たる「未来像」と「価値観」を持とう。

「譲れない価値観」を持つためには？

子どもの頃の楽しい思い出をきっかけに「なぜ、楽しかったか？」と追求。たとえば、その理由が「クリエイティビティを発揮できた経験」であれば、それをいまの仕事に取り入れるように努力してみよう。

「心躍る未来像」を持つためには？

忙しすぎると、なかなか未来像を持つことができない。まずは自分自身と向き合う時間を見つけよう。寝る前など、毎日決まった時間にノートを広げ、頭に浮かんだことを記録するだけでOK。これを継続すれば、自分の希望ややりたいことが具体的な文字になって表れる。それをきっかけに、心躍る未来を具現化しよう。

プラスアルファの +α Advice

メンバーの行動力を上げる3ステップ

リーダーの行動力とは、いかにメンバーに行動させるかということだ。業務命令として強引に仕事をさせることができても、それでは行動力のあるリーダーとは言えない。下で紹介する方法を実践して、メンバーがあくまで自分の「譲れない価値観」や「心躍る未来像」(P.86)に基づいて行動するように働きかけよう。

STEP 1

信頼関係を作る

人の行動は感情に支配されるため、メンバーと感情を共有できるようにしたい。コミュニケーションを密にするなどして、信頼関係を築くことが大切だ。

STEP 2

「価値観」「未来像」を聞く

次に「譲れない価値観」「心躍る未来像」を聞き出してみよう。これらを相手が持っていない場合は、86ページの方法を提案しよう。

STEP 3

「価値観」「未来像」に合った仕事を依頼する

日々の仕事と相手の「価値観」「未来像」が一致するようにする。たとえば、絵を描くことが「価値観」という部下に資料のイラストを頼むなど、小さなことでOK。

オーナーシップ

現代社会を生き抜くために オーナーシップを考え直す

社会が激しく変動する昨今、会社とそこに勤める個人との関係も大きく変化している。ビジネスパーソンはどんな心構えを持つべきかをコンサルタントの河野英太郎さんに話を聞いた。

教えてくれた人

組織改革・人材育成のプロ
河野英太郎さん
Eitaro Kouno

PROFILE
東京大学文学部卒業。大手広告代理店、外資系コンサルティング企業を経て、日本アイ・ビー・エム（IBM）株式会社ソーシャル事業部で、コグニティブ（人工知能）技術を活用した人事ソリューションKenexaの日本推進を担当した。著書に『99％の人がしていないたった1％の仕事のコツ（ディスカヴァー・トゥエンティワン）』などがある。

「オーナーシップ」で自分に引き寄せて考える

「チームには、意欲や興奮があふれる一方で、『会社の体制が整っていない』という不満もあります」

河野さんは、そういったメンバーには「オーナーシップ」を持つことが大切だと説く。

「オーナーシップとは『当事者意識』のこと。『体制が整っていない』と不満を言うのではなく、自分でどんな準備が必要かを提案する態度を指す言葉です」

新規ビジネスで会社が準備をしてくれるのを待っていたら、仕事は停滞し、ビジネスチャンスを逃してしまう。

「オーナーシップは、経営者やリーダーだけが持っていればいいわけではありません。新入社員であっても、備えるべきマインドです」

河野さんは、会社と従業員の関係は対等であり、個人がその会社を選択した以上は、自分の仕事には責任を負うべきだと考える。

「エンゲージメント」でしっかり成果を上げる

河野さんは、これから必要となるビジネスマインドの別の例として「エンゲージメント」を挙げる。

「簡単にいえば、会社の利益と個人の利益（動機づけなど）を一致させることです」

たとえば、従業員は楽しく仕事をしているが、業績が悪い会社。あるいは「従業員をたくさん働かせて売り上げを伸ばそう」と考えている会社。

どちらも「エンゲージメント」は実現されていない。会社と個人の利益のいずれかが軽視されているからだ。

現在、終身雇用制は崩れつつあり、これから会社と個人の関係のあり方も変わっていく。それにともない「エンゲージメント」の重要性は、さらに高まっていくことに間違いはない。「オーナーシップ」と「エンゲージメント」、この2つが未来を切り拓くためのキーワードとなる。

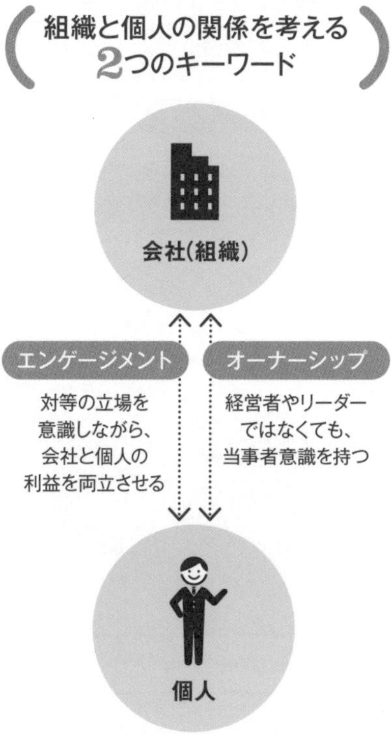

Q 仕事が思うように進まず、時間を浪費する

A 「オーナーシップ」を持ち仕事に責任を負う

仕事が思い通りに進まないのは、「会社から与えられた仕事をこなしている」という意識があるからかもしれない。たとえ上司から指示された作業であったとしても、自分もプロジェクトを動かす当事者のひとりであることを自覚しよう。そうすれば、作業の効率を上げる方法も見つかり、よい結果が出れば、仕事が楽しくなるはずだ。

仕事のトラブルを上司に相談する場合

Good! の行動

↓

「～のようにしたら
どうでしょう?」
と対応策を提案する

↓

常に次のアクションに
つなげることを
考えている

↓

オーナーシップがある

NG の行動

↓

「どうしたら
よいでしょう?」
と指示を仰ぐ

↓

「だれかが何かしてくれる」
という
意識がある

↓

オーナーシップがない

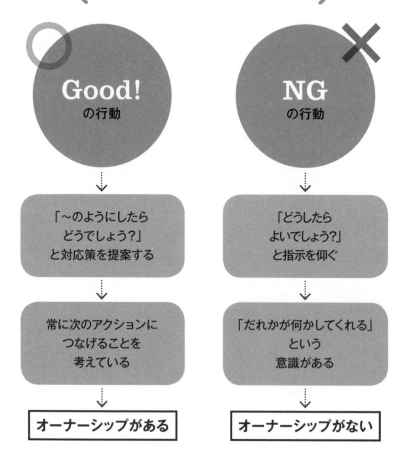

こんなときはどうする?

Q メンバーのモチベーションが上がらない

A 「エンゲージメント」の視点を持ってメンバーと接する

メンバーのモチベーションが上がらないのは、それが「やりたくない仕事」だからだ。そこで、下図のように働きかけて、会社に利益をもたらす仕事がメンバーの「やりたい仕事」に変わるようにしよう。仕事に意義が見出せれば、主体的に取り組んでくれるはずだ。

リーダーがメンバーのモチベーションを上げるステップ

STEP 1

ビジョンを添える

プロジェクトの
最終的な目標を
説明してから、
仕事を依頼する

STEP 2

メリットを伝える

その仕事が
本人の目標達成に
つながるなど、
メリットを伝える

STEP 3

感情に訴える

STEP1·2 を説明したうえで、
「どうしても私は○○を
成功させたいんだ」
と相手の感情に
訴えることも有効だ

結果

「会社に利益をもたらす仕事」を
「メンバーのやりたい仕事」にする

未来はこうなる！

会社と対等な立場なら、副業OKの時代に！

会社と個人が対等な立場になっていく時代の対処法として、河野さんは「副業」を勧める。副業を禁止している会社はまだ多いが、会社と個人が対等な立場に立った場合、その人がどんな経済活動を行おうと基本的には自由であるべき。 実際、副業を正式な人事制度に組み込む企業も現れている。自分の不要なものをオークションで売ったり、ブログにアフェリエイトを設置したりして、会社の仕事を軽視することなく、収入を得ることも可能になってきているからだ。会社の給与より、副業の売り上げの方が多いというケースも今後は増えていくだろう。仕事のやり方を工夫し成果を上げることも重要だが、その前提となる「会社と自分の関係」をこの機会に見つめ直してみよう。

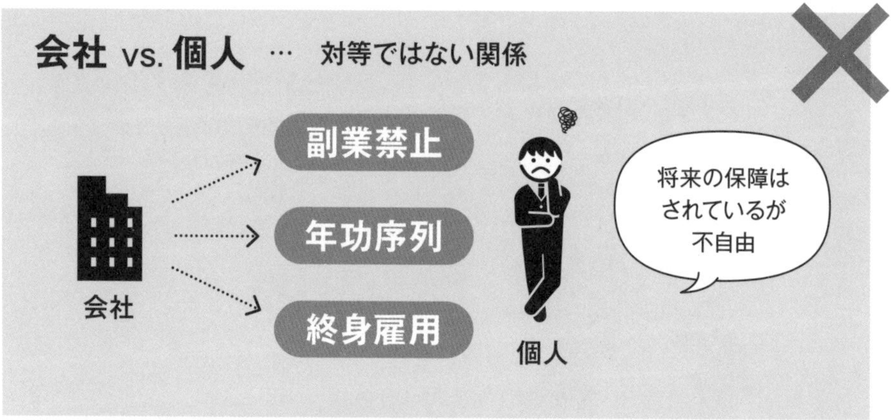

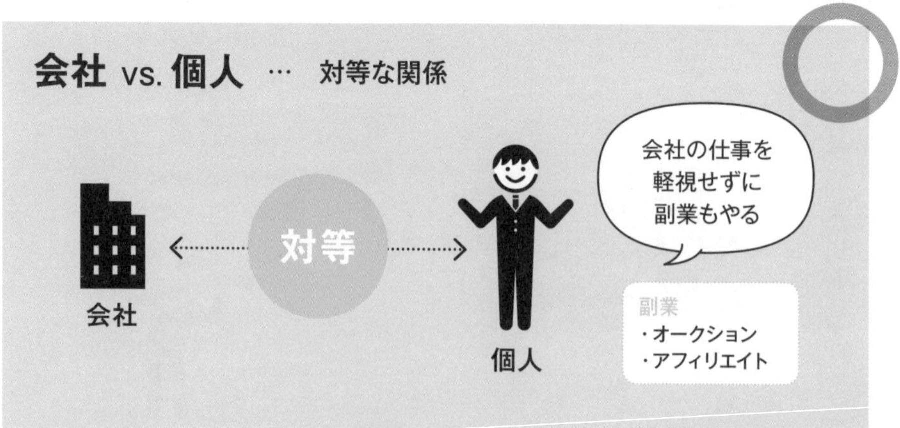

プラスアルファの +α Advice

これからの厳しい時代を生き抜くための4つの戦略

会社と個人の関係が変わっていく時代を生き抜くには、一人ひとりがビジネスパーソンとしての自分の価値を高め、選ばれる人間になることが重要だ。まずは、下図に挙げる４つの戦略を実践することから始めよう。

戦略 1 メンター（師匠）を持つ

仕事上の悩みを相談できる人（メンター）を見つけておこう。元上司、前職のクライアント、学生時代の先輩など、自分が尊敬できる人であればだれでもいい。

戦略 2 ストレス解消法を確立する

仕事のパフォーマンスには、ストレスも大きく影響する。映画鑑賞やスポーツなど、過去にストレスが解消できた例を思い出し、有効な方法を複数持っておこう。

戦略 3 体調を維持する

食事や睡眠といった生活習慣については、自分がベストコンディションを保てる方法を把握しておく。衛生面では、冬場のうがい、手洗い、予防接種なども行いたい。

戦略 4 仕事以外の時間を確保する

仕事も私生活も充実させていることが「できる」ビジネスパーソンの条件だ。会社の制度にもよるが、フレックスタイム制やリモートワークなどを積極的に活用したい。

「攻撃してくる人をかわして職場の対人関係をよくする」

一緒に仕事をする同僚や先輩、取引先との人間関係に苦しんでいる人もたくさんいる。精神科医である水島広子さんに、職場でのストレスを解消する方法を教えてもらった。

教えてくれた人

精神科医（対人関係の専門医）
水島広子さん
Hiroko Mizushima

PROFILE
精神科医。対人関係療法専門クリニック院長。アティテューディナル・ヒーリング・ジャパン（AHJ）代表。慶應義塾大学医学部卒業、同大学院修了（医学博士）。2000年6月～2005年8月、衆議院議員として児童虐待防止法の抜本的改正などを実現。心の健康のため、治療のほか執筆や講演にも尽力する。2児の母。

「攻撃」は困った感情を知らせるサイン

攻撃してくる人の心理の底には「脅威」があると水島さんは話す。「自分には脅威と感じられないようなことも、相手にとっては脅威かもしれません。攻撃をしてくる人は、何らかの不安に駆られ『困っている』状況なのです」

動物と違って、社会的立場やメンツを重視する人間は、「このままだとやられる！」と脅威に反応したとき、対象を攻撃するという。

では、どのような人たちが脅威を感じやすいのだろうか。

過去にひどく傷ついた経験がある人は、「もう二度と傷つきたくない」という思いから、傷につながる兆候を敏感に察知する。また、性格的に不安になりがちなタイプも、何かしらの変化を「脅威」と感じやすいそうだ。

では、そのような攻撃を受けたとき、どう対処すればいいのだろうか。水島さんによると、相手の言動を攻撃と受け取った時点で「衝撃」を受けているため、正しい受け止め方を知らないとその衝撃に振り回されてしまうという。

「まず、衝撃を受けたとき、何が起こるかを知りましょう。次に、それを『ただ衝撃への反応が起こっているだけだ』と考えます」

まず、衝撃を受けると、「もう

CLUMUN

動物と人間に共通する「攻撃」のメカニズムとは？

動物は「脅威」を感じると、逃げられる状況であれば逃げ、逃げられない状況であれば戦うようにプログラムされている。これは「闘争・逃避（fight or flight）反応」と呼ばれる生理的な反応で、人間にも同じものが備わっている。何か自分の安全を脅かすできごとから脅威を感じ取ると「自己防御システム」が作動し、「攻撃」という形で他人に向けられるのだ。

衝撃を受けたくない」という気持ちが生まれ、他人への警戒心が働くようになる。

同時に、警戒心は自分にも向けられる。何か落ち度があるのではないかと疑い、自信をなくす。

「自信をなくしたら、『自分は衝撃に反応しているだけで、人生そのものが損なわれるわけではない』と考えましょう。

また『相手は困っているだけだ』と受け止めると、攻撃を攻撃と感じにくくなります」

では、実際に攻撃を受けた場合、人間関係を悪化させない方法とはどんなものだろうか。

「対応は、関係性に基づいて判断します。職場の人の場合は、『仕事がうまくいくか』が基準になります。実害を及ぼさないのであれば、『お見舞いのひと言』で交わしましょう」

たとえば、先輩に「察してよ。レベルが低いわね」と言われた場合。ここに、「私が必要としていることを読みとって、助けて」という意味が含まれていると考えるのだという。

「心ない言葉に衝撃を受けるかもしれませんが、そんなときは『ご期待に添えなくてすみません』と返しましょう。この『すみません』は、相手に『お見舞いのひと言』を差し出すというイメージです」

このように、受け止め方や返し方を変えるだけで、対人関係が良好になり、円滑にコミュニケーションできるようになるのだ。

こんなときはどうする?

Q 会社で八つ当たりされてイライラが止まらない

A 「相手に何らかの脅威を与えた」と考え、深追いしない

心当たりがないのに攻撃された場合も、「相手は何か脅威を感じ、困っている」と受け止めるスタンスは変わらない。攻撃が止まない場合は、知らないうちに相手の「領域」を侵してしまっていないかを振り返ろう。「うるさく質問する」「決めつける」「生意気に聞こえるように話すクセがある」なども相手にとって脅威となる場合がある。

オレの何かを脅威と感じて
困っているんだな。
詳しい理由は
わからないけれど……
何らかの脅威
攻撃
自分
相手

こんなときはどうする?

Q 相手の責任転嫁で職場での立場が危うくなりそう

A 客観的事実に基づいて第三者に説明する

自分に実害が発生しそうな攻撃には一歩踏み込んだ対処が必要だ。下図のように先輩の責任転嫁が自分の立場に影響を与えそうな場合、先輩には「お見舞いのひと言」を伝える一方で、第三者には、事実のみを客観的に説明しておこう。「あの先輩はいつも私のせいにします」などと感情的になるのはNG。

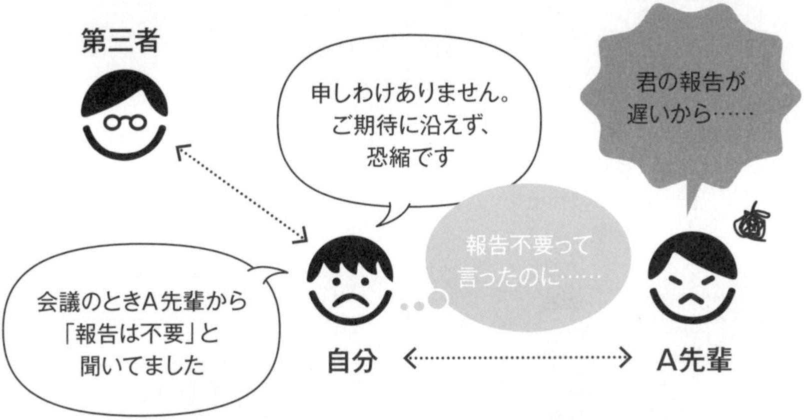
第三者
申しわけありません。ご期待に沿えず、恐縮です
君の報告が遅いから……
報告不要って言ったのに……
会議のときA先輩から「報告は不要」と聞いてました
自分
A先輩

プラスアルファの
+α
Advice

自己肯定感を高めれば相手をリスペクトできるようになる

自己肯定感とは、自分を大切にする気持ち。自己肯定感が高い人は、自分の理想とするあり方がイメージでき、それに向かって「～したい」という考えで行動できる。また、ありのままの自分を受け入れ、相手をリスペクトでき、寛大になれる。一方、自己肯定感が低い人は、他人の顔色をうかがいがち。「～すべき」という考えに基づいて行動するため、自分の理想を押しつけて相手の領域を侵してしまう。

自己肯定感が 高い人

自分を
受け入れられる

相手の領域を
侵さない

自己肯定感が 低い人

自分を
受け入れられない

相手の領域を
侵してしまう

相手をリスペクトできる

自己肯定感の高め方

「～すべき」ではなく「～したい」という考えを大切にする
「今はこれでよい」と考える

手帳・ノートを使った

スケジュール&タスク管理のコツ

手帳・ノートを使った スケジュール&タスク管理のコツ

仕事ができる人は、管理のコツを知っている。スケジュールを上手に管理できれば、ヌケ・モレ・ミスがなくなる。一方、タスク管理を的確にこなせば、時間を有効に使って残業ゼロに近づける。正確かつスピーディーに仕事をかたづけられる人になろう。

スケジュール&タスク管理に使う 3つの基本アイテム

ITEM 1 手帳

スケジュール管理に最適なアイテム。スケジュール管理は一元化が基本なので、フォーマットを決めたら、そこにすべてを集中させること。二重化するとダブルブッキングのミスを招くので注意。

ITEM 2 ノート

おもにタスク管理のために使用する。タスクを細分化するときや、タスクの優先順位を決めるときは、ノートに書いて整理しよう。頭のなかであれこれ悩むよりも、スピィーディーに処理できる。

ITEM 3 付せん

スケジュール管理にもタスク管理にも役立つ補助アイテム。付せんにスケジュールを記入して手帳に貼れば、何度でも貼り直しができる。また、タスク管理では、おもにタスクリストとして使用する。

スケジュール管理のコツ

仕事の進捗をきっちり管理できる人は信頼される。
ミスなくムダなく予定を消化できる人になろう。

手帳 1 仕事の予定は4つのサイクルで考える

仕事の予定を管理するときは、4つのサイクルを意識することが大切。この4つのサイクルとは、1年間の予定（長期）、2～6か月程度の予定（中期）、1か月の月間予定（短期）、そして毎日の予定のこと。仕事の内容によって管理すべき予定の長さが変わるため、どのサイクルからスタートさせればいいかは、ケース・バイ・ケースだが、どのサイクルから始めても、最終的には毎日の予定に落とし込む必要がある。

年間、複数月、月間、毎日が4つのサイクル！

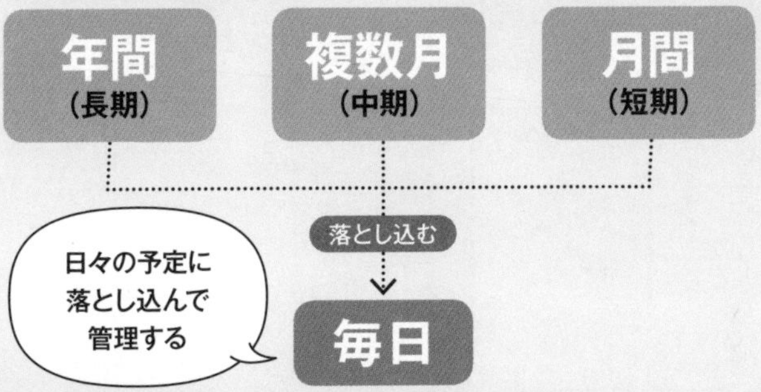

サイクル	おもな目的
年間（長期）	複数の案件に関する締め切りまでの流れを大づかみする。 忙しくなりそう時期も確認できる。
複数月（中期） ※2～6か月	特定の案件の工程を確認して進捗を確かめる。 プロジェクトの一連の流れを確認したいときに便利。
月間（短期）	締め切りに向かう具体的な工程をつかみたいときに記録。 より具体的な作業の締め切りがわかる。
毎日	毎日の予定を確認するために記録する。 手帳の週間スケジュール欄を使えば、具体的に書ける。

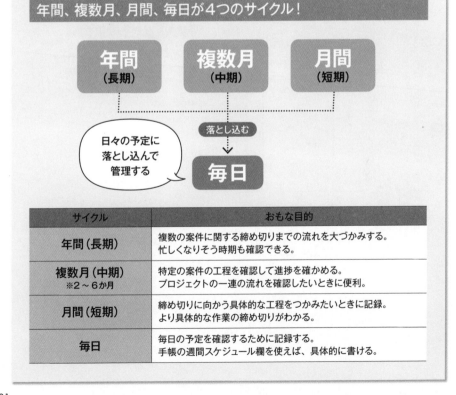

手帳

2 長期・中期のスケジュールは締め切りから逆算して組む

長期や中期の予定を毎日の予定に落とし込もう。まず、最終締め切りを確認し、年間スケジュールに締め切りを記入。次に段取りを考え、各段階の締め切りを決め、年間スケジュールに書き込む。次に、もう一段階、工程を細分化して、月間スケジュールに書き込み、何をいつまでにやるかを明確に記録しよう。最後に、全体の流れを確認しながら、毎日の予定に落とし込む。

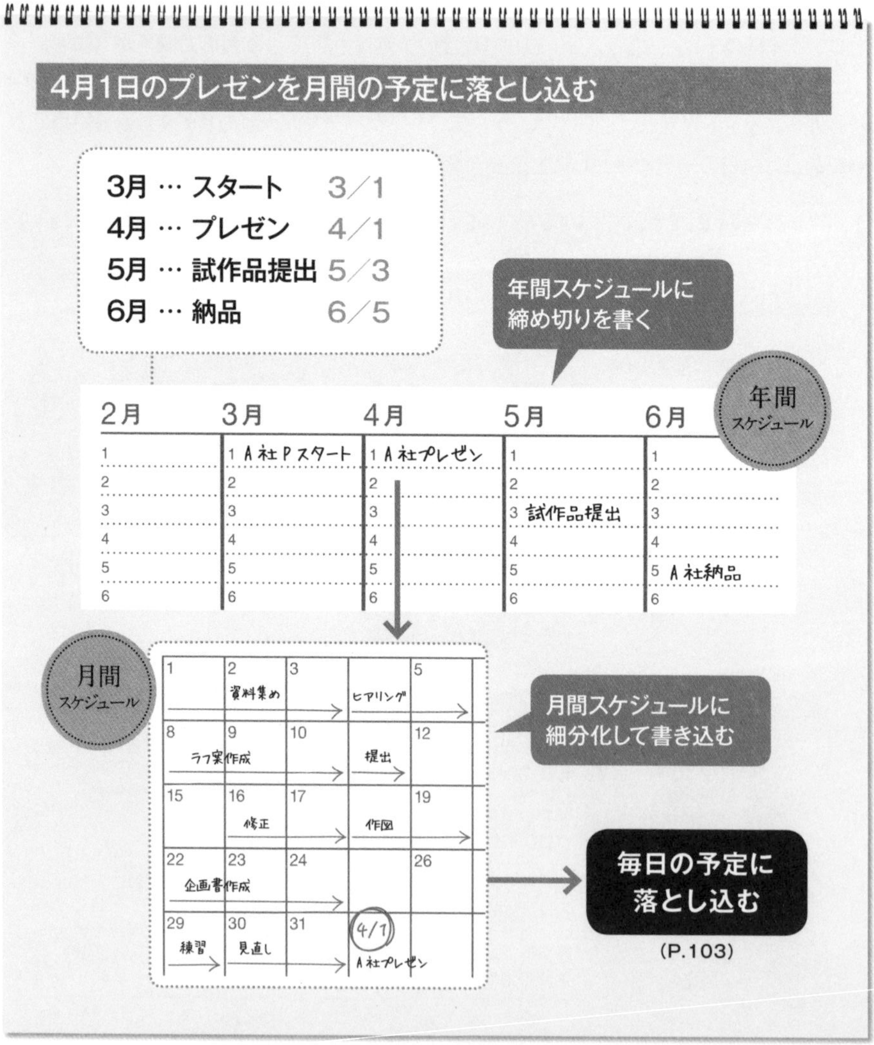

手帳 3 短期の予定は作業時間を正しく見積もって記入する

ここでは、月間スケジュールから、締め切りを逆算し、毎日の予定に導く流れを紹介する。まず、仕事の段取りを細分化して、いつまでに終えるかを検討。さらに、各段階でかかる作業時間をできるだけ正確に見積もる。たとえば、「資料集め」なら、「3日間かけて約8時間で終える」としよう。その後、実際にかけられる時間（8時間）を、予定を確認しながら割り出し、振り分けよう。

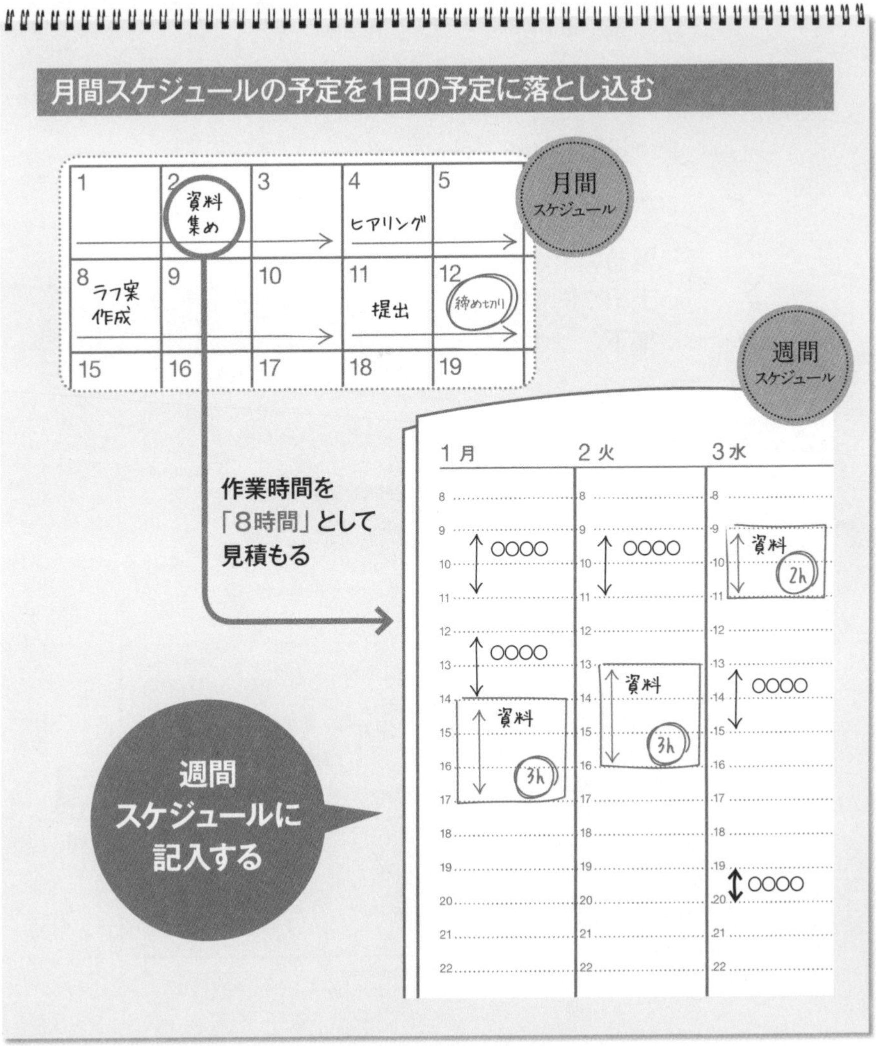

手帳

4 「予備日」を受け皿にして残業を回避する

予定を組むときは、均等に配分しないほうがうまくいく。可能なかぎり、１週間に１日、何もアポイントを入れない予備日を作り、蛍光ペンで囲んで目立たせる。この予備日は、緊急のアポイント、上司や同僚のヘルプなどのアクシデントが発生したときの受け皿になる。また、優先すべきタスクを先にかたづけ、消化できなかったほかのタスクを予備日に回して吸収することも。この余裕があれば、残業や休日出勤も回避できる。

手帳

5 結果と改善策を3色ボールペンで書く

黒字で記入したスケジュールに赤字や青字で追記しておけば、見返したときに、必要な情報だけをすばやくピックアップできるようになる。たとえば、退社する前に手帳を見返して、青字で「改善策」を記入。その後、週末にもう一度振り返り、その改善策で問題が解決したかどうかを考え、赤字で「結果」を記入する。「改善策→結果」を記録しておけば、同様の案件が発生したときに参照できる。

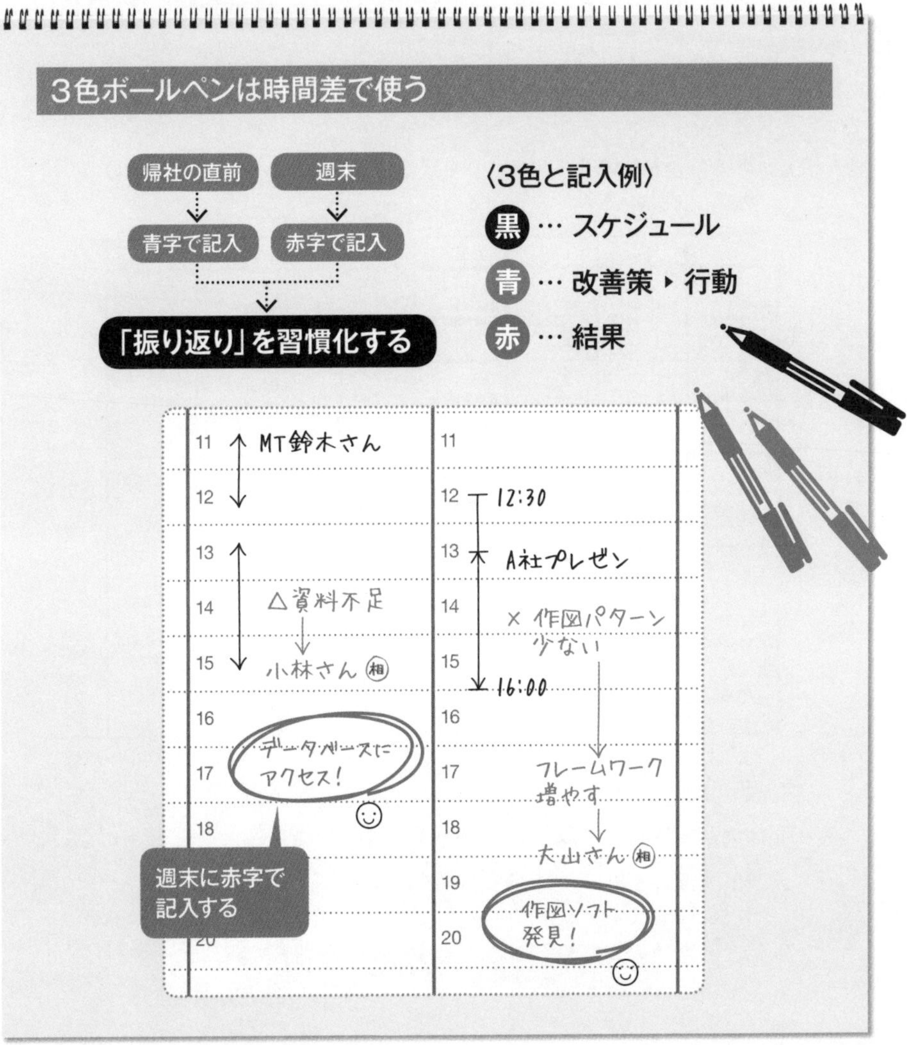

手帳

付せん

6 蛍光ペンの色分けで仕事のバランスを見る

３色の蛍光ペンを使えば、仕事の作業量と配分を可視化できる。たとえば、「休んだ日」を青色で、「残業した日」を黄色で、「締め切り」をピンクで囲む。このように蛍光ペンで囲むことで、仕事と休日の割合がひと目でわかるようになる。また、作業のペース配分がわかるので、体力が低下した原因を確認できる。さらに、今後仕事をバランスよく行うため、「夜型を朝型にシフトする」など、具体的な改善策を記入しておこう。

休日、残業、締め切りを３色の蛍光ペンで記入

青 … 休んだ日　黄色 … 残業した日　ピンク … 締め切り

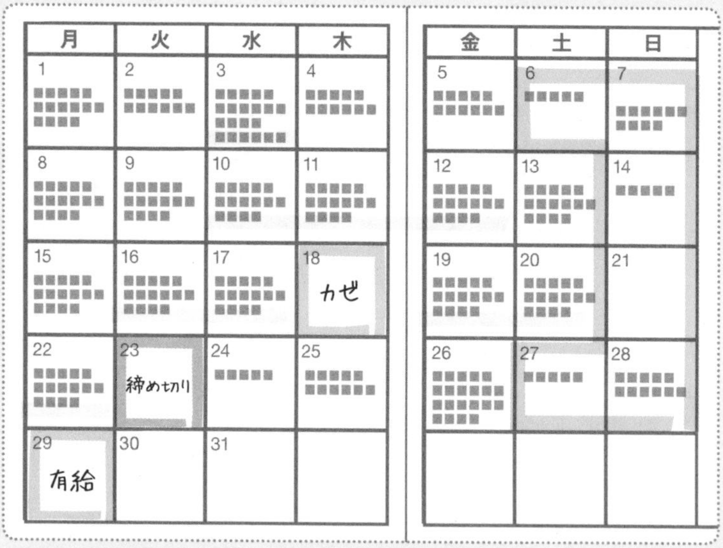

- □ ペース配分は？ ▸▸▸ 前半のんびりしすぎた
- □ 体力が低下した時期 ▸▸▸ 締め切りの1週間前
- □ 残業を減らす方法 ▸▸▸ 午前中の行動を圧縮

解決策 夜型を朝方にシフト

手帳
付せん

7 付せんの色を変えて予定の属性を区別する

予定の属性を付せんの色で区別する方法もある。たとえば、まとまった時間が必要な案件は、案件の内容に合わせて色を振り分ける。例❶のように、3色で管理すれば、いつ何をすべきかを直観的に把握できるようになる。また、段階的な締め切りがある案件は、それぞれの日付を色で管理する。例❷のように、3色で振り分ければ、各工程の締め切りをすばやく確認できる。

付せんの色で管理すれば、ひと目でわかるようになる

例❶ まとまった時間が必要な予定を管理

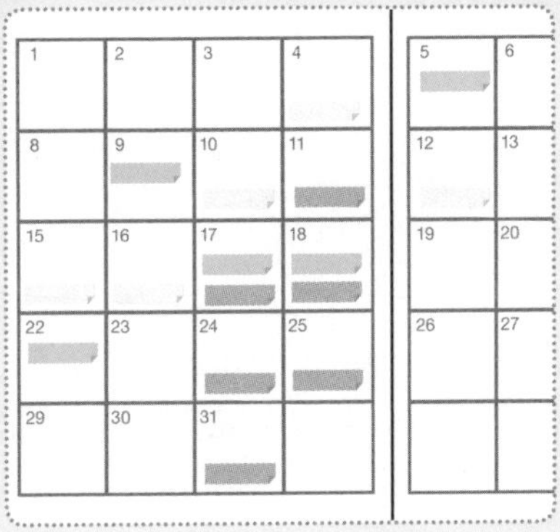

青 … 面談

黄色 … 企画書

ピンク … セミナー

例❷ 段階的な締め切りがある予定を管理

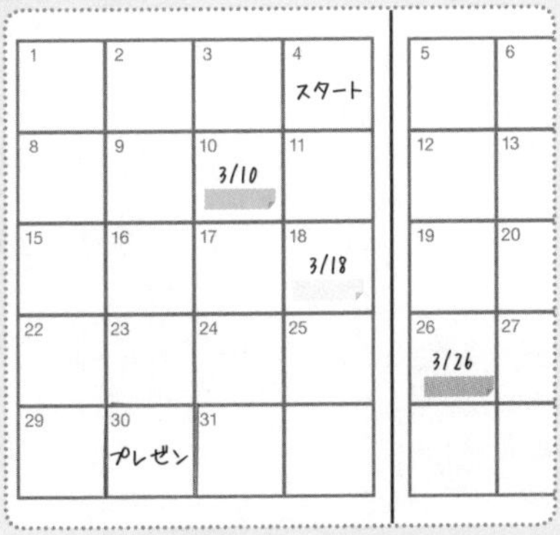

青 … 資料集め

黄色 … 資料作成

ピンク … プレゼン練習

手帳
付せん

8 共同でプロジェクトを進めるときは関係者の締め切りを付せんで管理

プロジェクト全体の予定を管理するときは、自分の予定とメンバーの予定を分けて管理することが大切。第三者と連携するときは、引き継ぎのタイミングを知る必要があるからだ。連携作業の場合、まず関係者の予定（締め切り）を大きな付せんに書き、それを「進捗メモ」として手帳に貼って管理しよう。不測の事態が発生したら、すばやく予定を調整して「進捗メモ」を更新。このメモを再び手帳に貼る。

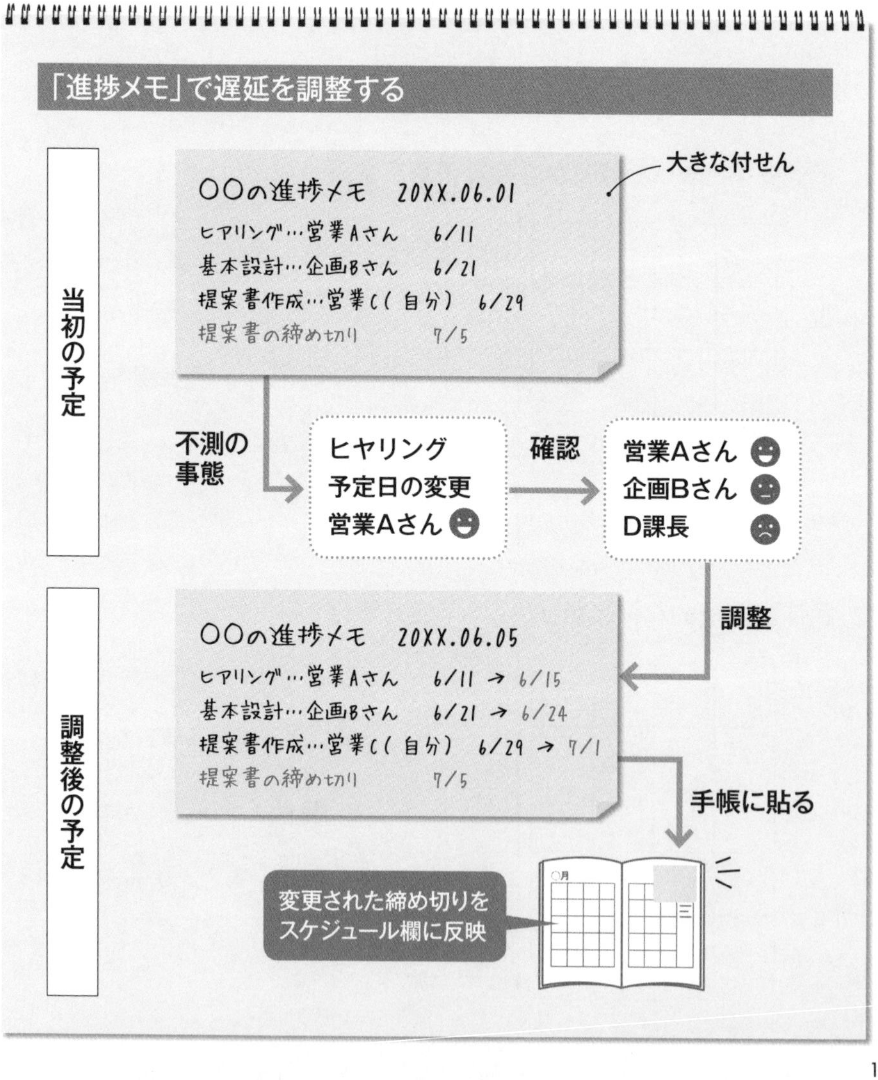

タスク管理のコツ

タスクを管理することで仕事のスピードはアップする。
ムダな残業や休日出勤を回避するコツを会得しよう。

手帳
ノート

1 「予定」と「タスク」は時間指定で区別する

すべての業務は「予定」または「タスク」として振り分けることができる。振り分けの基準は開始・終了時間の指定の有無。時間指定があるものは、すべて手帳のスケジュール欄に書き込み、予定として管理しよう。一方、時間指定のないものは、ノートに書き出して、タスクとして管理。優先度の高いタスクから処理すれば、仕事時間を圧縮できる。この振り分けを徹底すれば、複数の仕事を円滑に進められるようになる。

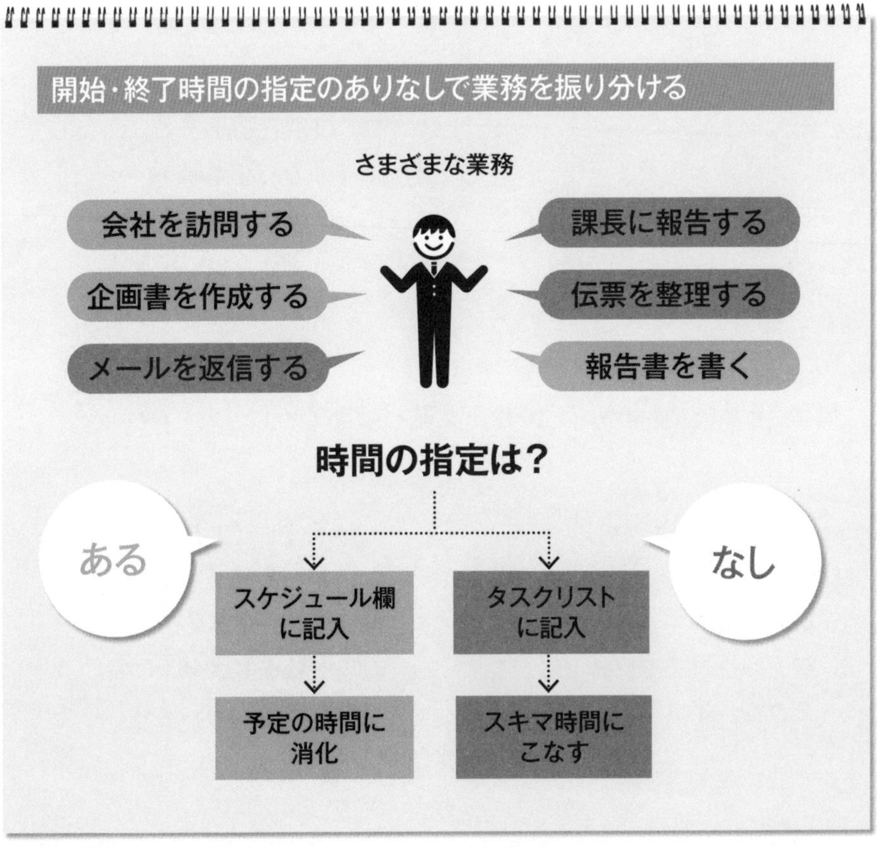

ノート
付せん

2 タスクの数が多いときは付せんに書いて管理する

タスクリストに記入するタスクは、その数によって週単位または1日単位で管理する。たとえば、タスクが1週間に20件以内の人はノートの余白を利用して記入。やりかけのタスクはチェックボックスにチェックを入れ、消化したら赤線で消去する。この方法を徹底すれば、2段階で進捗を管理できる。一方、毎日たくさんのタスクが発生する人は大きな付せんを使おう。未消化のタスクは翌日のタスクに書き写し、新しく発生したタスクと合わせれば、ヌケ・モレを防げる。

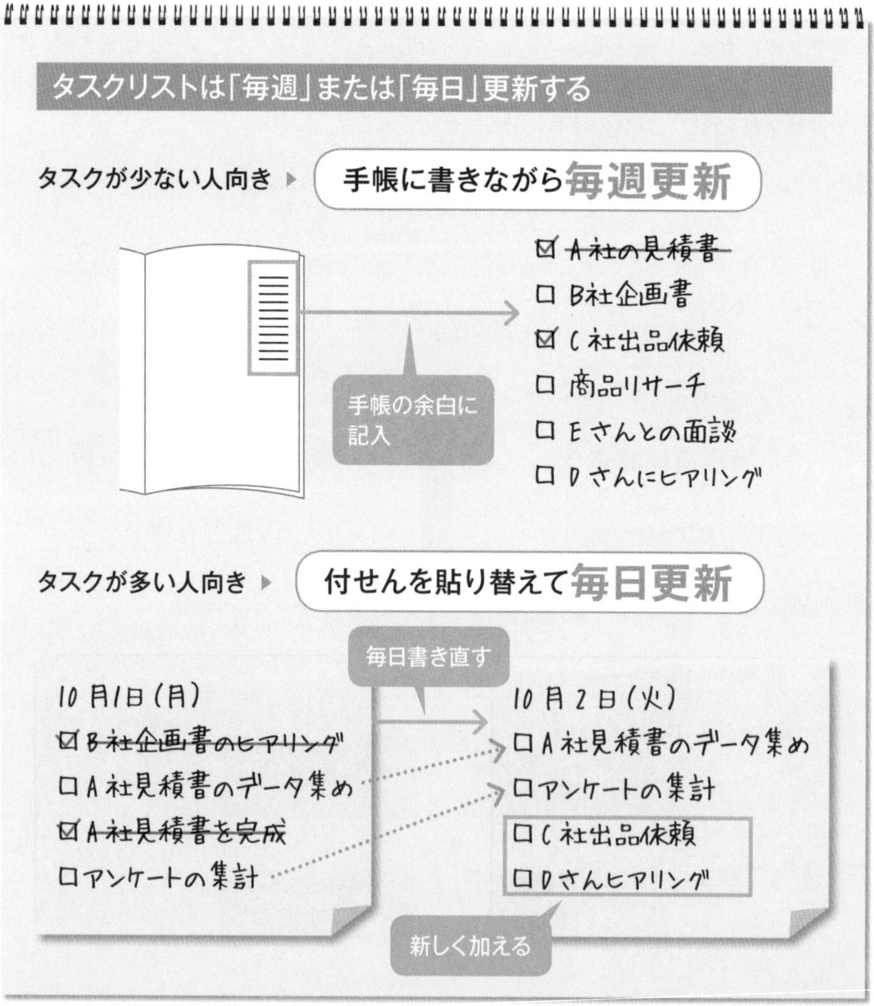

ノート 付せん

3 毎日のタスクは具体的な行動にして書く

1日のタスクをヌケ・モレなく処理するために、付せんにタスクリストを作成しよう。このとき、案件ごとにタスクを細分化することが大切。やみくもに箇条書きにするのではなく、タスクの階層を深め、できるだけ具体的な行動にして書き出すこと。たとえば、見積書の場合、ただ「見積書」と書くのではなく、「データを集める」「見積書を作成」「部長のチェック」とタスクを詳細に書くようにする。タスクを具体化することで、やるべきことのイメージが鮮明になり、処理がスピードアップする。

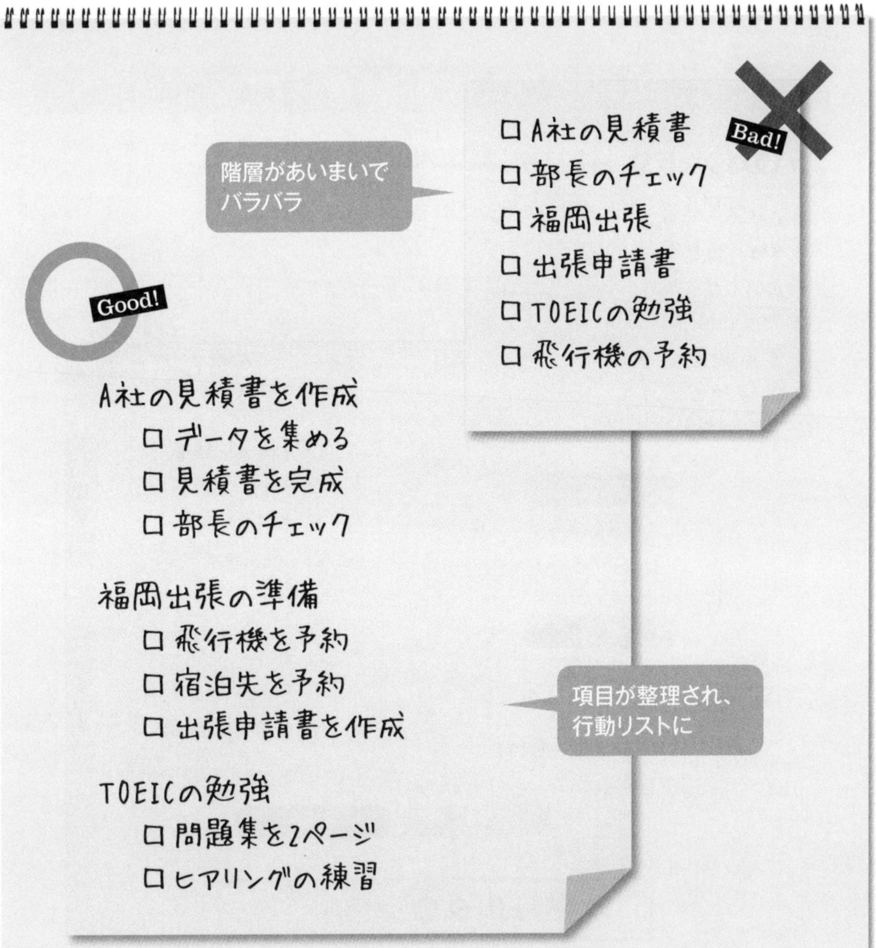

ノート
付せん

4 バラバラなタスクは2段階で整理する

タスクを細分化すると仕事に取り組みやすくなる。バラバラなタスクは、２段階で整理しよう。はじめに、タスクを仕事とプライベートに分ける。次に、仕事のタスクを細分化が不要なものと必要なものに分ければOK。細分化が必要かどうかを判断するときは、「具体的な行動をイメージできるか」を基準にすること。続いて、プライベートのタスクも同様に、仕分けする。そのあと「細分化が必要」なタスクをドリルダウンしよう。ドリルダウンの方法については113ページで紹介する。

細分化が必要なタスクを仕分けする手順

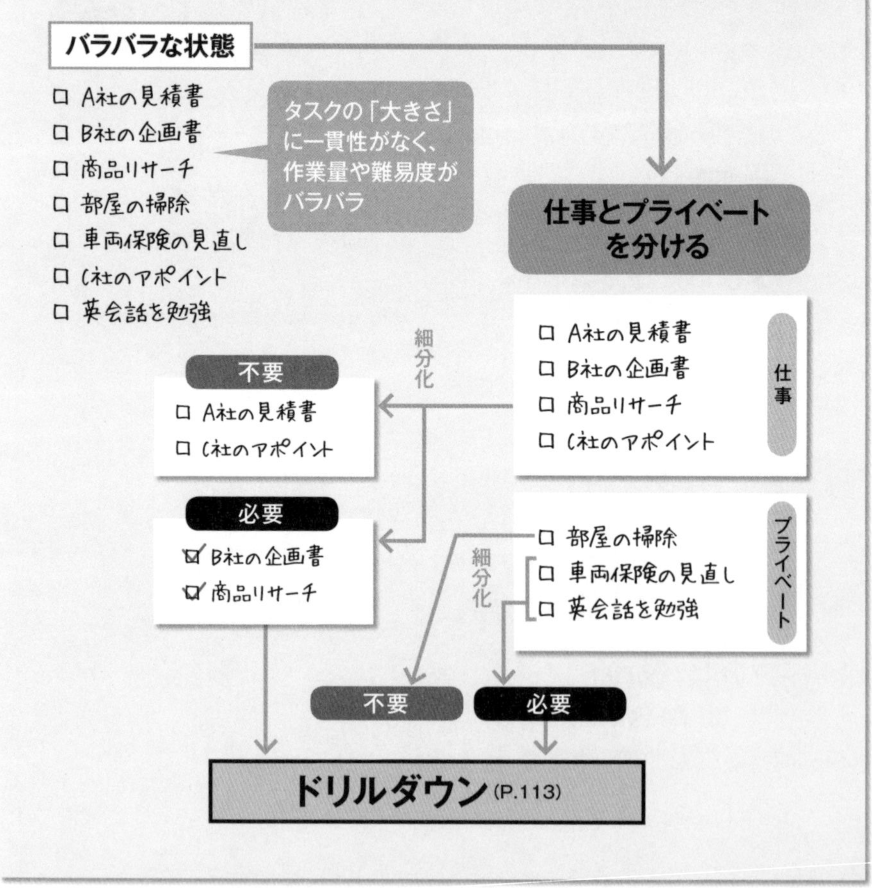

ノート
付せん

5 自問自答でタスクをドリルダウンする

タスクがあいまいに感じるのは、細分化が不十分なため。細分化に行き詰まったら、3つの質問を使うドリルダウン（掘り下げて細分化する方法）が有効だ。まず、このタスクに「何が求められているか？」と問いかけてから、次に、「そのために必要なものは何か？」と考える。さらに、「どの順で行うべきか？」と考え、順番を並べ替え、それを新たにタスクリストに書き加えればよい。3つの質問を自分に投げかけ、そこから答えを導くことで、あいまいな表現のタスクからより具体的なタスクを引き出せる。

あいまいなタスクを質問で掘り下げる方法

例 B社の企画書

質問❶ 何が求められているか？
- 企画が斬新であること
- 原価が○○○円 以内であること

↓

質問❷ そのために必要なものは何か？
- B社が求める「斬新さ」をヒアリング調査
- 類似商品の市場動向を調査
- 原価の試算表を作成

↓

質問❸ どの順で行うべきか？
- 市場動向を調査
- ヒアリング調査
- 試算表を作成
- 企画書を作成

これをタスクリストに書き出す

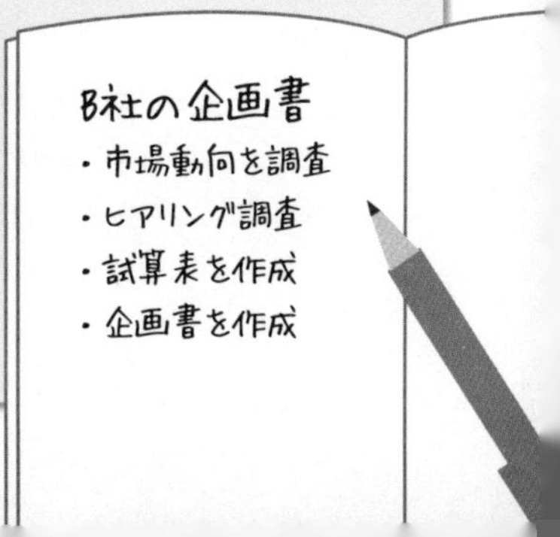

ノート
付せん

6 タスクをこなす順番を緊急度と重要度で決める

どのタスクから着手すべきか迷うときは、3つのステップで整理しよう。まず、思いつくタスクをすべて付せんに書き出す。次に、ノートに緊急度を縦軸、重要度を横軸にした座標軸を書き、それぞれのタスク（付せん）を貼って4つに分類しよう。最後に、ノートの別ページに、❶「緊急かつ重要」、❷「緊急だが重要ではない」、❸「緊急ではないが重要」、❹「緊急でも重要でもない」の順に並べればOK。このマトリクスを見れば、着手すべき順番がひと目でわかるようになる。

座標軸と付せんでタスクの優先順位を決める手順

Step 1 すべてのタスクを付せんに書き出す

定例会議の資料　机周りの整理　A社の見積書
演劇チケット手配　銀行のリサーチ　A社の出品依頼
F社の提案書

Step 2 マトリクスを使って4つに分類

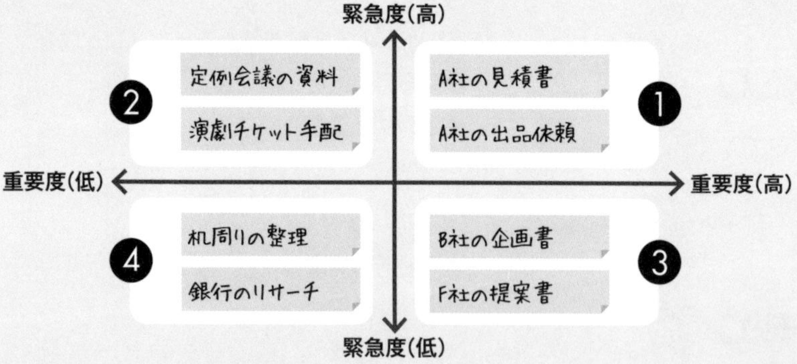

Step 3 付せんを並び替えて、「緊急かつ重要」なタスクから着手する

手帳
付せん

7 付せんを使えば予定変更に対応できる

複数のタスクを、案件別に異なる色の付せんに書き込むことで、予定を視覚的に把握できる。たとえば、3つの案件ＡＢＣを並行して進めるとき、まず付せんの色を「案件Ａ＝ピンク」「案件Ｂ＝黄色」「案件Ｃ＝青」と振り分けてスケジュール欄に記入する。このとき、付せんを貼らない予備日を確保しておくことが大切だ。この状態なら、突然、予定が変更されたときも、予備日を利用して自由にタスクを調整できるようになる。もし、予備日を1日確保できないときは、半日（午前または午後）を確保しておくだけでもよい。

付せんの貼り替えでやり繰りする

Step 1 タスクを付せんに書いて手帳に貼る

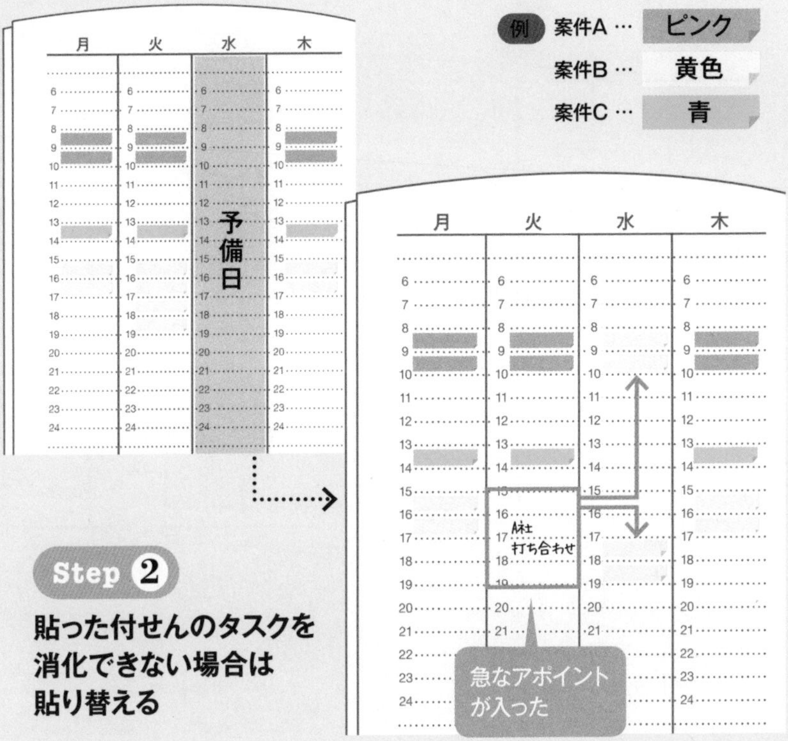

Step 2 貼った付せんのタスクを消化できない場合は貼り替える

手帳
付せん

8 同じタスクを集約すれば効率がアップする

個人的なタスク（個人作業）の場合、ペースをつかむまでに一定の時間が必要。そのため、同じタスクは集約させたほうが効率的だ。まとまった時間を確保できそうであれば、案件別に色分けした付せんで組み替えよう。下図のように、毎日均等に振り分けられている付せんを貼り替えて、案件ごとにまとめる。たとえば、案件Ａを月曜と火曜、案件Ｂを火曜と水曜、案件Ｃを水曜にまとめて消化するような予定にすれば、１日前倒しでタスクを終らせることもできる。

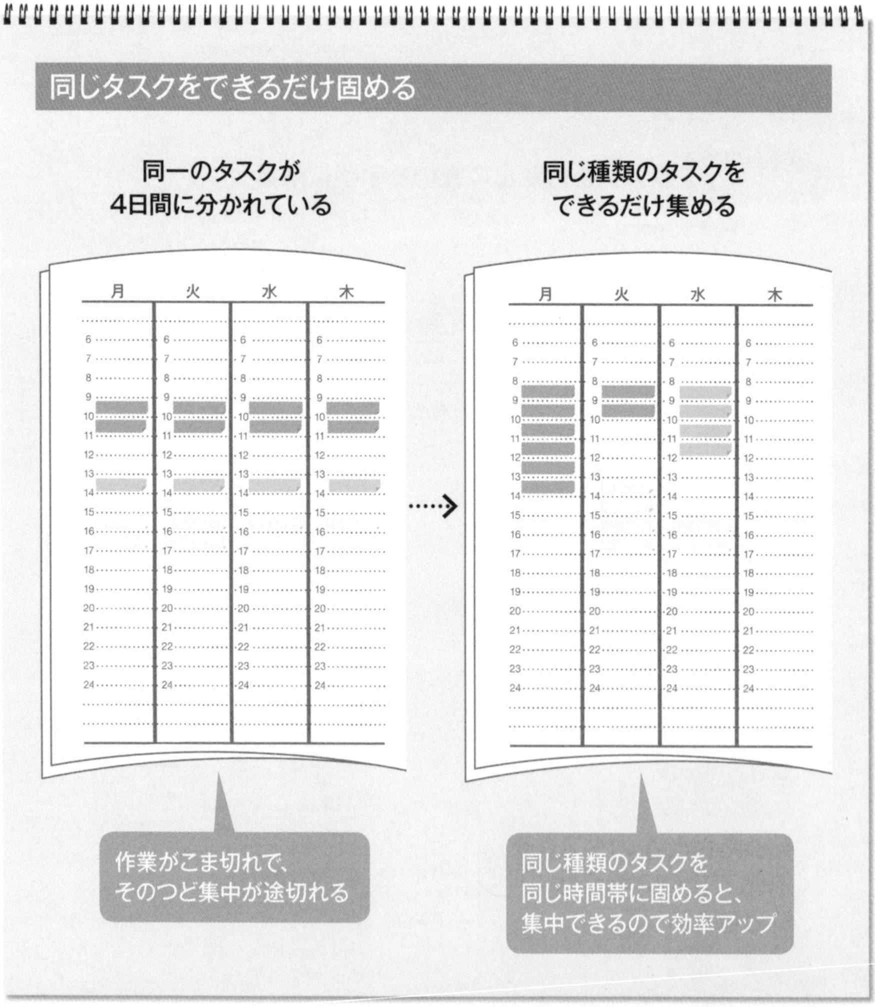
同じタスクをできるだけ固める
同一のタスクが
4日間に分かれている
同じ種類のタスクを
できるだけ集める
月 火 水 木
6 7 8 9 10 11 12 13 14 15 16 17 18 19 20 21 22 23 24
作業がこま切れで、
そのつど集中が途切れる
同じ種類のタスクを
同じ時間帯に固めると、
集中できるので効率アップ

本当に使える
パソコン整理術

整理術

パソコンを使いこなすことは、重要なビジネススキルのひとつ。仕事に必要なデータを探しているうちに時間がどんどん経ってしまう。そんなムダをなくすため、パソコンの整理術をマスターしよう。

Part 1 パソコンの作業環境を整えて効率化する

デスクトップはパソコン操作の基本となる場所。
ここで紹介する方法で使いやすく改善しよう。

デスクトップに置くものは最小限に

デスクトップがごちゃごちゃしていると、ファイルを見つけるのに時間がかかるだけでなく、パソコンの起動時間も遅くなる。デスクトップに置くものは必要最小限にしよう。たとえば、「ごみ箱」と「作業中」のフォルダーだけを置くようにし、残りは「ドキュメント」へ入れる。つねにこの基本を守っていれば、デスクトップが散らかることはない。

エクスプローラー画面

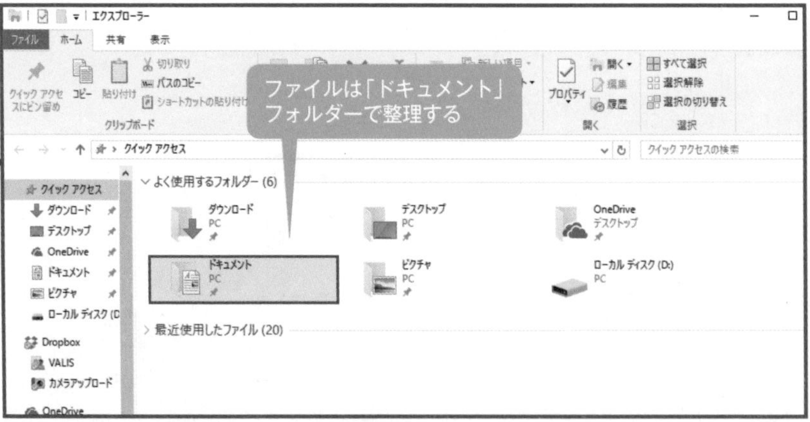

作業中のファイル以外は、すべて「ドキュメント」に入れることを習慣化。フォルダーの中は3階層で管理するとよい（P.125）。

POINT 作業中のファイル以外は「ドキュメント」に保存する

本当に使える パソコン

ごちゃごちゃ
作業効率ダウン
Bad!

「ごみ箱」は
画面左はしに配置
すっきり！
作業効率アップ
Good!
作業中
「作業中」フォルダーを
作成して保存
「エクスプローラー」アイコンを
クリックしてエクスプローラーを起動

タスクバーを使いやすい位置に設定する

「タスクバー」はアプリを起動したり、ウィンドウを開いたりするために、頻繁にマウスで操作する。初期設定では画面の下側に表示されているが、自分の使いやすい位置に移動することが可能だ。右利きの人なら画面の右や上、左利きの人なら画面の左に移動しておくと、使い勝手が大幅にアップする。

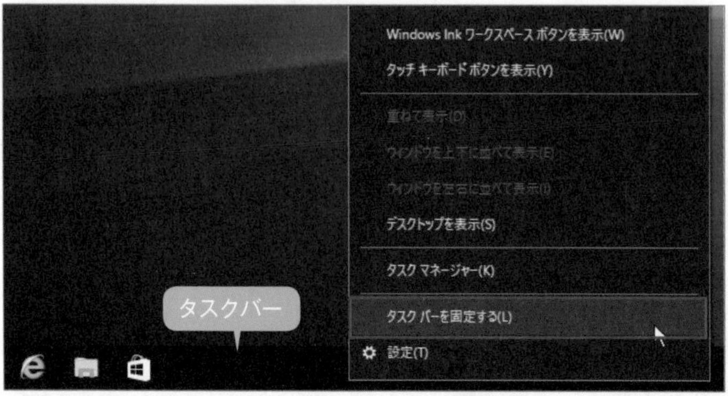

タスクバーを移動するには、タスクバーを右クリックしてメニューを開き、「タスクバーを固定する」のチェックを外しておく。

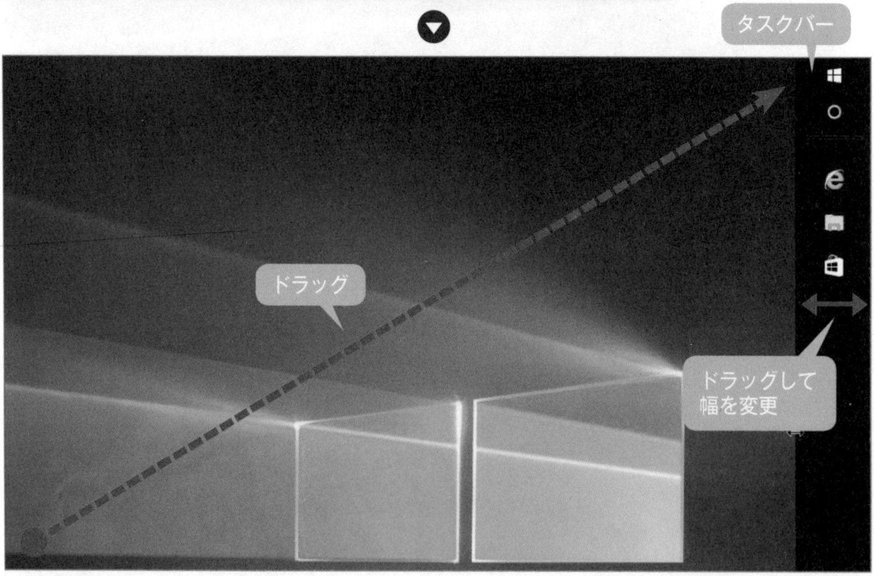

移動させたい位置（上下左右）にドラッグするだけでOK。
タスクバーの境界線をドラッグすれば幅も変更できる。

POINT

タスクバーの位置は使い勝手を考えて決める

よく使うフォルダーのショートカットを作る

頻繁に使うフォルダーは、デスクトップにショートカットを作成しておくと便利。「ドキュメント」や「作業中」のフォルダーをいちいち開く必要がないので、作業がスピードアップする。また、よく使うフォルダーをタスクバーに登録する方法も併せて覚えておこう。

ショートカットアイコンを作成する方法

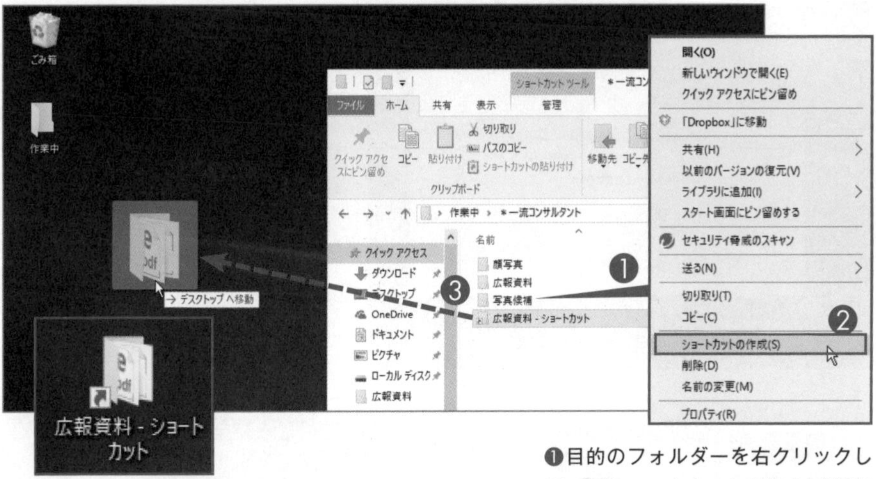

アイコンをクリックすると、エクスプローラーが起動してフォルダーが開く。

❶目的のフォルダーを右クリックして、❷「ショートカットの作成」を選択。❸作成したショートカットアイコンをデスクトップにドラッグする。

タスクバーにピン留めする方法

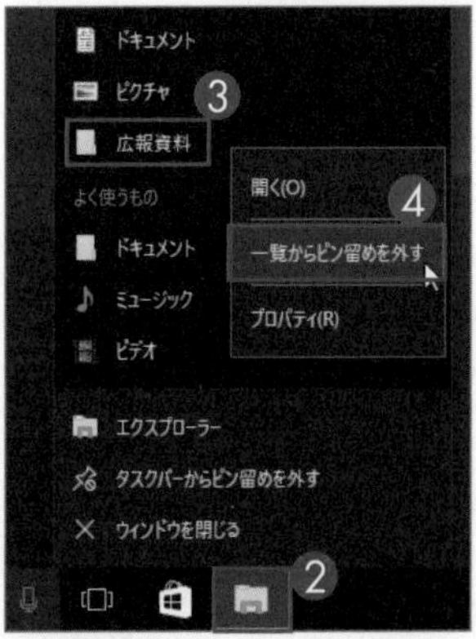

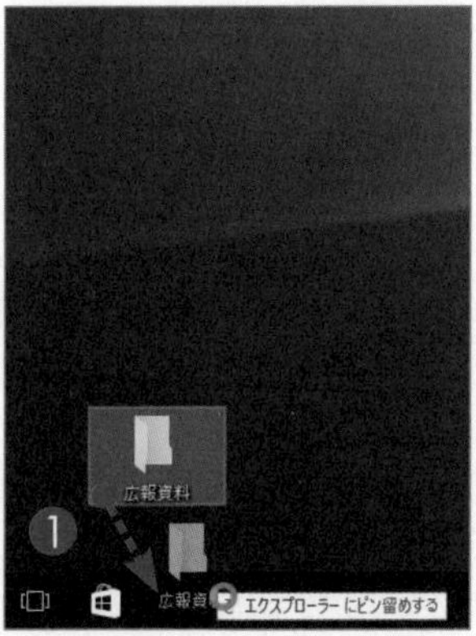

❶ピン留めしたいフォルダーをタスクバーに直接ドラックすると追加される。❷フォルダーを登録したときは、エクスプローラーが追加される。タスクバーから削除するときは、❸アイコンを右クリックして、❹「一覧からピン留めを外す」をクリック。

POINT

直接フォルダーを開けばスピードアップできる

メモリの容量を増やすため不要なファイルを捨てる

部屋を掃除するのと同じように、パソコン内のファイルも定期的な「お掃除」を心がけたい。ファイルを削除するときは、一時的に保管する「ごみ箱」と、完全に消去する「一発消去」を上手に使い分けよう。どちらも、ショートカットキーで実行できる。

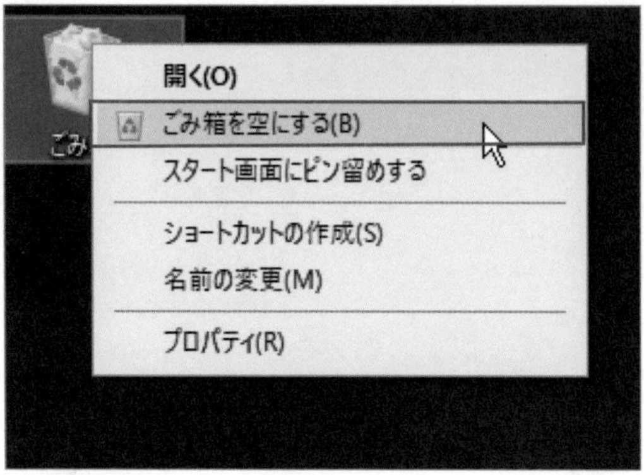

「Delete」キーで「ごみ箱」に移動

完全に削除してよいか迷うときは、ファイルを選択して「Delete」キーを押す。ファイルを「ごみ箱」に入れておけば、好きなときに元の場所に戻せる。ただし、「ごみ箱」をいっぱいにしておくと、パソコンの動作が遅くなるので注意しよう。定期的に「ごみ箱」をチェックして、不要なファイルを削除することも忘れずに行う。

メリット 「ごみ箱」から出せば、元に戻せる

デメリット 「ごみ箱を空にする」を実行するまで容量は減らない

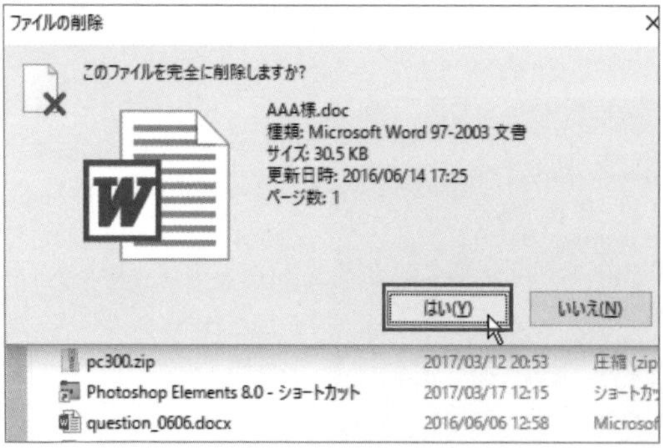

「Shift」＋「Delete」キーで完全に消去

完全に消去してもよい場合は、ファイルを選択してから「Shift」＋「Delete」キーを使う。「ファイルの削除」画面が表示されるので、「はい」を選択する。この方法なら「ごみ箱」を経由せずにデータを消去できる。明らかに不要なデータは、この方法で削除するとよい。

メリット 一瞬でデータを消去できる

デメリット データが残らないので復元が難しくなる

POINT 定期的に削除すればパソコンの動作が遅くならない

ショートカットキーで操作をスピードアップ

パソコンの操作がスピードアップする便利なショートカットキーを覚えよう。たとえば、「Alt」と「Tab」キーを同時に押せば、作業中のウィンドウの縮小画面が表示される。「Alt」キーを押したまま、「Tab」キーを押して画面を選び、手を離すとその画面が開く。ほかにも、エクスプローラーの起動、ウィンドウの開閉、アプリのサイズや位置の変更なども活用したいショートカットキーだ。

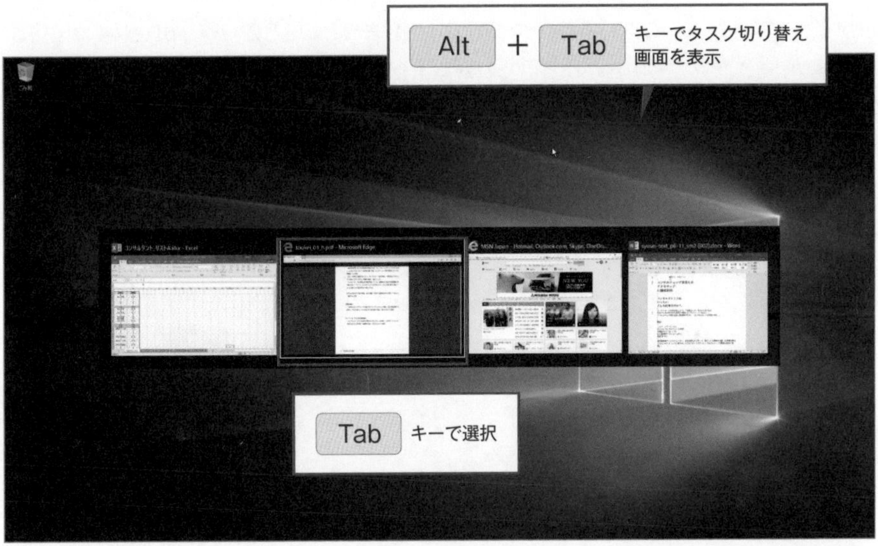
Alt ＋ Tab キーでタスク切り替え画面を表示
Tab キーで選択

Windows	※Windowsキー	スタートメニューを表示させる
Windows ＋ D		作業中のウィンドウをすべて閉じる／開く
Windows ＋ E		エクスプローラーを起動する
Windows ＋ ↑ ／ ↓		アプリの表示を最大化／最小化する
Windows ＋ ← ／ →		アプリの表示を画面の左／右に配置する
Alt ＋ F4		アプリを終了する

POINT ショートカットキーで作業時間を短縮できる

Part 2 ファイル・フォルダーの管理

ファイルやフォルダーを作成する際に、ルールを決めておけば、あとで見つけやすくなる。
とくにファイル名のつけ方と階層の作り方に注意しよう。

ファイル名のルールを決める

ファイルやフォルダーの名前を思いつきでつけてしまうと、あとから探し出せなくなる可能性が高い。だれが見ても内容がひと目でわかるようなネーミングを心がけよう。

パターン1 日付を入れる

「案件名」「内容」「日付」をファイル名に入れておくと、目的のファイルを探し出しやすくなる。また、ファイルを開かなくても中身が確認できるメリットもある。それぞれの順番は好みで変えてもよい。

〈ファイル名に入れておくもの〉

案件名　内容　日付

A物産_見積り_202305

パターン2 先頭に数字を入れる

番号順にファイルをキレイに整列したい人は、「数字＋キーワード」をルールにするとよい。つねに先頭の数字の順に並ぶようになるからだ。なお、1桁の数字には「0」を入れて、桁数をほかとそろえておこう。

数字 → 01_給与 ← キーワード

02_貯蓄

03_投資

04_住宅ローン

⋮

11_家計簿

POINT あらかじめルールを決めればファイル名に悩まない

フォルダーの階層は深くしない

フォルダーの階層は深くしすぎないのがポイントだ。目的のファイルにたどり着くまでに手間がかかり、時間のロスとなるからだ。扱うデータが多い場合でも、3階層までにおさえよう。

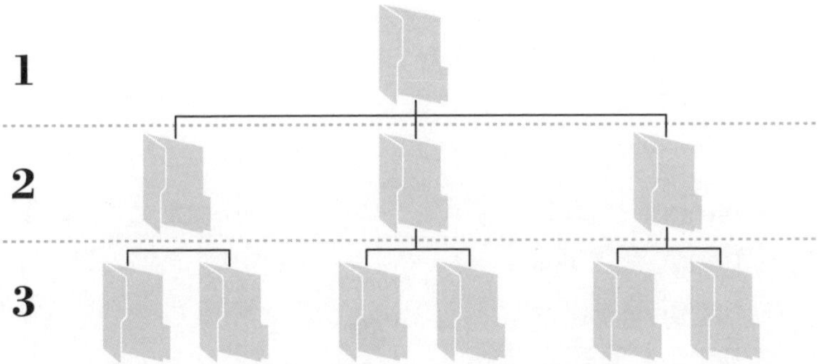

POINT フォルダーの階層は3階層までにする

案件別・時系列でフォルダーを分類する

フォルダーの分類のしかたは2とおりある。ひとつは案件ごとに整理する方法。取り組んでいるプロジェクトごとに必要なファイルがまとまっているため作業がしやすい。もうひとつは月ごと、あるいは四半期ごとに分類しフォルダー名をつける方法だ。

案件別に分類

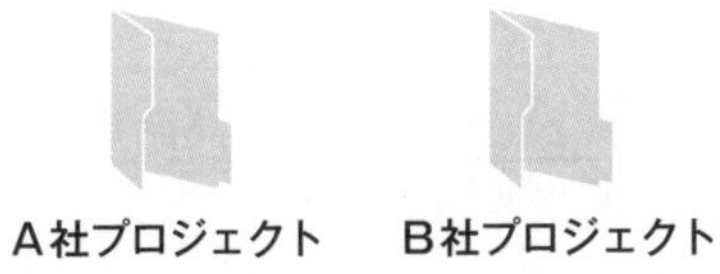

「佐藤氏案件」「鈴木氏案件」などと、フォルダーに個人名をつけてしまうと、あとで重複して困る場合がある。

時系列で分類

とくに定型的なファイルはフォルダーをコピーし、名前を変えるだけで更新できるので便利。

POINT 案件別・時系列で分類すれば作業がはかどる

ファイル名をすばやく変更する

ファイル名を変更する場合、ひとつずつ選択しながら変えていくのは効率が悪い。大量のデジカメ写真ファイルなど、連番を振り直したい場合は、下記の方法を使えば一瞬で変更できる。また、マウスを使わずにファイル名を変える方法も覚えておくと重宝する。

写真などのファイルに連番で名前をつける

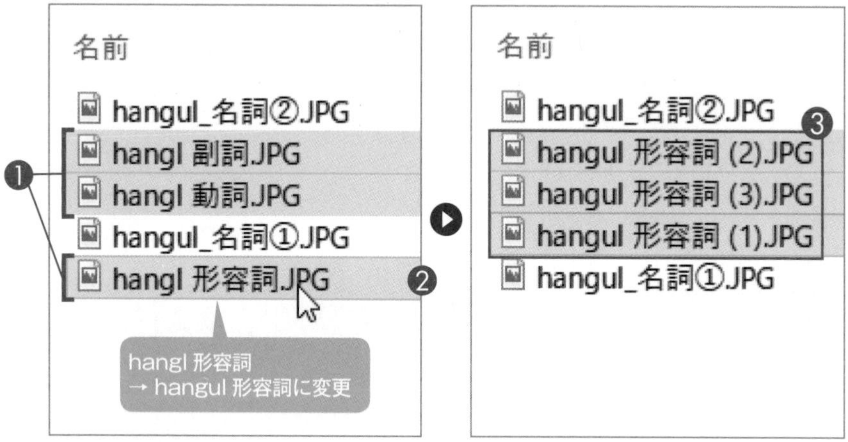

❶離れたファイルを選択する場合は、「Ctrl」キーを押しながらクリック。❷いちばん下のファイル名を変更し、❸「Enter」キーを押せば、名前がいっきに変更されて連番がつく。

右クリックを使わずに「F2」キーですばやく変更

❶ファイルをクリックし、❷「F2」キーを押すとファイル名の編集が可能になるので、文字を入力。❸続けて次のファイル名を変更する場合は、「Enter」キーではなく、「Tab」キーを押せば、次のファイルにカーソルが移動する。最後に「Enter」キーを押して、ファイル名を確定する。

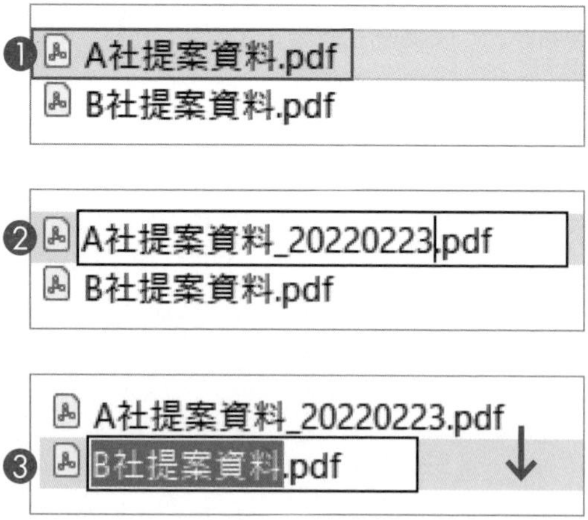

POINT マウスを使わずに効率よくファイル名を変更する

ファイル・フォルダー・アプリをまとめて検索

ファイルが見つからないときは、検索機能を使おう。タスクバーの検索ボックスにファイル名を入力すると、アプリ、ドキュメント、ウェブの検索結果が表示される。「ドキュメント」に絞って検索したい場合は、「ドキュメント」を選択する。

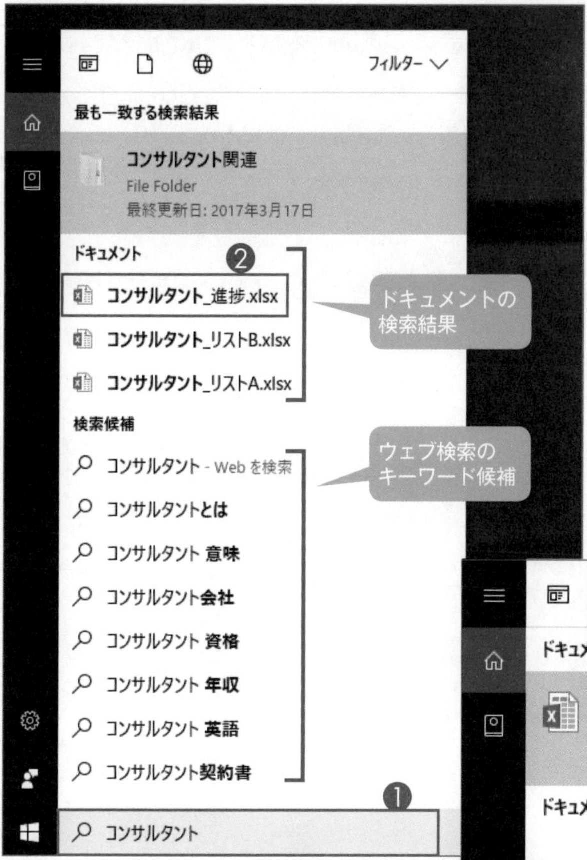

❶タスクバーの検索ボックスにキーワードを入力すると、アプリ、ドキュメント、ウェブなどの検索結果が同時に表示される。❷目的のファイルをクリックすると、ファイルが開く。ファイルのあるフォルダーへ移動したい場合は、右クリックで「ファイルの場所を開く」を選択する。

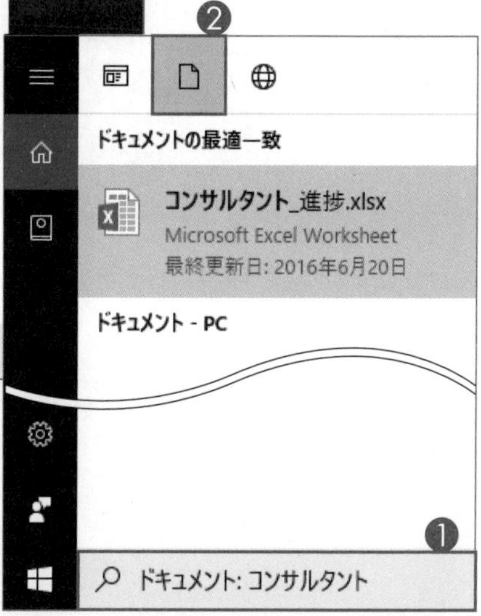

ドキュメントに絞ってファイルを探したい場合は、❶検索ボックスにキーワードを入力して、❷「ドキュメント」ボタンをクリックする。

POINT はじめは、アプリも含めて一括で検索する

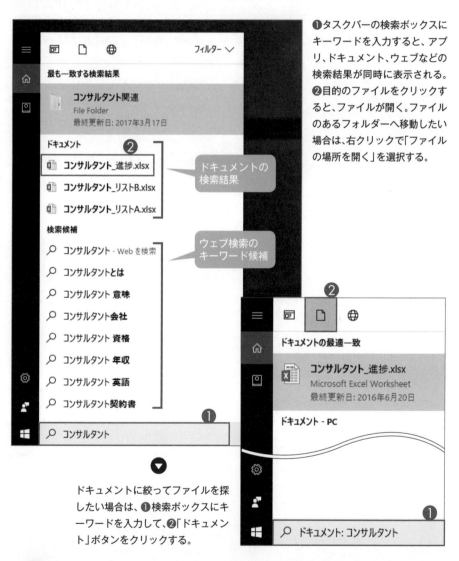

Part 3 ウェブブラウザを快適に使いこなす

お気に入りの整理をはじめ、効率のよい検索方法など
ウェブブラウザの基本ワザを紹介する。

「お気に入り」をまとめて整理する

「お気に入り」を整理する際、「お気に入り」画面で作業すると、リンク先をひとつずつ操作する必要があるため、時間がかかる。まとめて表示する画面(「お気に入り」画面)で行えば、整理の効率がアップする。

リンク先がまとめて表示され、すばやく整理できるようになる

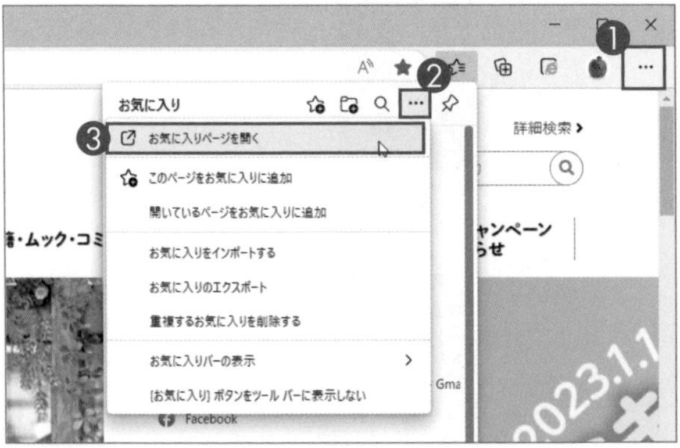

❶画面右上の「…」(設定)ボタンをクリックして、メニューから「お気に入り」をクリック。❷「…」(その他のオプション)ボタンをクリックして、❸「お気に入りページを開く」をクリックする。

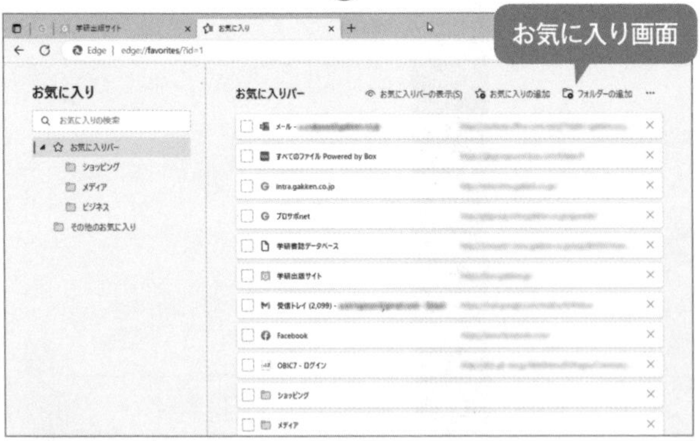

「お気に入り」画面が開く。リンク先が一覧として表示され、まとめて操作できるようになる。この画面なら、リンク先をクリックして、ウェブページを開くこともできる。

POINT アイコンをまとめて処理すれば整理作業がはかどる

※P.128~129は「Microsoft Edge(マイクロソフトエッジ)」の画面を使って解説しています。

起動時に表示されるホームページを設定する

頻繁に使うウェブページは、ブラウザのホームページに設定しておくとよい。アプリの起動時に、ウェブページが自動的に開く。なお、複数のページをまとめて開くことも可能だ。

登録したいホームページを開いて、❶画面右上の「…」(設定)ボタンをクリックして、メニューから「設定」をクリック。設定画面で、❷「[スタート]、[ホーム]、および [新規] タブ」をクリックする。

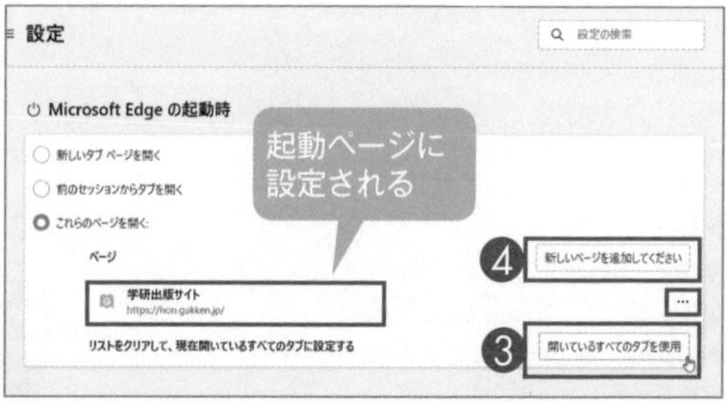

開いているページを設定する場合は❸を、直接URL を入力する場合は❹を選択。変更、削除したい場合は、右端にある「…」(その他のアクション)をクリックする。

POINT
よく使うページを起動時に自動で開ける

効率よくキーワードを絞り込んで検索する

キーワードにさまざまな検索記号を用いることで、条件を限定し効率よく検索を行うことができる。検索記号を使いこなせば、目的のページがヒットする確率が高まる。

こんなときに便利	入力例 ※赤字が検索記号	結果
一連のキーワードで検索	" ネットショップ"	単独の「ネット」「ショップ」などの候補が除外される
(AまたはB) またはABを検索	ネット OR ショップ	「ネット」「ショップ」「ネット/ ショップ」で検索される
(AまたはB) かつCを検索	(ネット OR ショップ) 家電	「ネット」または「ショップ」のどちらかを含み、「家電」を含む結果を表示
特定のキーワードを除外して検索	ネットショップ - パソコン	キーワード(この場合はパソコン)を除外した状態で結果が表示される
関連するサイトを検索	related:http:// ~	関連サイトが表示されるので、まとめて情報を集めたいときに便利

POINT
検索記号を活用すれば目的のページを見つけやすい

仕事の教科書 mini

頭がいい人の時間の使い方

オールカラー

2023年4月3日　第1刷発行

STAFF

デザイン・組版　櫻井ミチ
編集協力　有限会社ヴァリス
表紙写真　Graphs / PIXTA
写真素材　Fotolia.com

発行人　土屋 徹
編集人　滝口勝弘
編集担当　浦川史帆
発行所　株式会社Gakken
〒141-8416
東京都品川区西五反田2-11-8
印刷所　凸版印刷株式会社

〈この本に関する各種お問い合わせ先〉

- 本の内容については
下記サイトのお問い合わせフォームよりお願いします。
https://www.corp-gakken.co.jp/contact/
- 在庫については
☎03-6431-1201(販売部)
- 不良品(落丁、乱丁)については
☎0570-000577
学研業務センター
〒354-0045　埼玉県入間郡三芳町上富279-1
- 上記以外のお問い合わせは
☎0570-056-710(学研グループ総合案内)